杜学文

著

和青少年谈
中华文明

长江出版传媒 | 长江文艺出版社

图书在版编目（CIP）数据

和青少年谈中华文明 / 杜学文著. -- 武汉：长江
文艺出版社，2024.10
　　（百读不厌的经典故事）
　　ISBN 978-7-5702-3577-3

　　Ⅰ. ①和… Ⅱ. ①杜… Ⅲ. ①中华文化－青少年读物
Ⅳ. ①K203-49

中国国家版本馆 CIP 数据核字（2024）第 104139 号

和青少年谈中华文明

HE QINGSHAONIAN TAN ZHONGHUA WENMING

责任编辑：刘秋婷　　　　　　　　责任校对：毛季慧
封面设计：一壹图书　　　　　　　责任印制：邱　莉　王光兴

出版：长江出版传媒　长江文艺出版社
地址：武汉市雄楚大街 268 号　　　邮编：430070
发行：长江文艺出版社
http://www.cjlap.com
印刷：湖北恒泰印务有限公司

开本：710 毫米×1000 毫米　　1/16　印张：10
版次：2024 年 10 月第 1 版　　　2024 年 10 月第 1 次印刷
字数：124 千字

定价：36.00 元

写在前面的话

在我们的生活中，有很多视而不见、习焉不察的东西。比如空气，比如水等。当我们打开水龙头，水哗哗哗地流出来的时候，人们不会思考这水是怎么来的，更不会考虑那些缺水地区的人们怎样才能得到水。多数人会以为水本来就是流出来的。

但是，当我们了解到，那些干旱缺水地方的人们想得到一点水需要花费很大的精力，就对水有了另外的看法。而在更遥远的年代，人们只有在河流附近的地带才能获得水。不知经过了多少时日，人们终于打出了一口井，"革命"发生了。井的出现改变了人们的劳动和生活方式。人们开始在远离河流的地方生存。水，对于大多数人来说是一种被忽视的存在。但在人类的发展历史上，水却是极为珍贵的。

除了对物质的需求之外，人类还有更重要、更高级的需求。这就是精神的、情感的、价值的需求。在"物质"稀缺的条件下，这种"非物质"的存在仍然会支撑人的生活，并使人保持积极的状态。这就是说，人在物质生活之外，还离不开那些"非物质"的生活。而这种"非物质"的东西往往是被人们忽视的、难以感知和察觉的。比如，人们有情感表达的需要，有认知的需要，有进行价值判断的需要等。这些东西看不见也摸不着，但人们往往离不开它们。比如，我们爱土地，爱天空，爱生长在天空之下、土地之上的一切生命——花草树木、山川河流、牛羊犬马、亲人与朋友，以及自己的国家、人民。

爱是一种情感状态，是一种生活方式，也是一种价值选择。我们只能够看见"爱"的行为、表现，但很难看到"爱"本身。所以，爱一方面是出于生命的本能反应，另一方面是源于人的判断——从实践中发现，并经过人的思考而被定义。从这一点延伸可知，几乎所有"非物质"的东西都经过了人们的本能选择，也经过了思考与判断。而"非物质"的最大化体现——文明，更是决定着人类命运的诸多选择。

但是，文明也是不一样的。地理环境、气候条件、生态样貌有很大区别，人们的生产方式、生活方式以及认知方式也存在着差异。因而由劳动与认知方式所形成的文化形态、文明样貌也不同。这种不同很可能是看不见的，但却是具有根本性的。当人们按照某种文明的规则来选择时，并不知道自己被文明"决定"了，反而误以为是个人主观能动性的体现。因此，我们需要对自己的文明有正确、清晰的认知，知道我们是谁，从哪里来；我们的文明是如何形成的，以及对人类社会的贡献。从而加深我们的文化认知，增强我们的文化自信。在很大程度上，文明也许并不直接作用于我们的日常生活，但却是不可或缺的存在。

这本《和青少年谈中华文明》是我学习研究的心得。感谢长江文艺出版社提供了这样的机会，使我能够与大家交流、讨论，并听取大家的意见。我们中华文明历史悠久、博大精深，并不是这样一本小书就能够说完的。所以我也希望能有更多的机会与大家交流、讨论，以探知、感受我们文明所具有的无穷魅力与生命活力。

杜学文

2024. 6

目录

第一章　民族起源与西阴之花

不知多少年前，我们的祖先团土造人。那西阴之花盛开的地方，是我们悠远的故土和家园。中华民族——一个让人骄傲的民族！

每当夜幕降临，我们进入梦乡的时候，地球是不是还在旋转？天上的星星是不是仍然闪烁着星光？远处的河流是不是还在不停地流淌？它们为什么是流向了大海，而不是留在了土地上？晨曦微露，城市渐渐喧嚣起来，人来人往，车水马龙。路上的行人从哪里来，又到哪里去？五十年，一百年，五百年，一千年，两千年，五千年……城市里一直都有这么多人吗？在那些说不清的日子里，我们的城市是不是就存在呢？

让我们把思绪放得更远，将目光落在整个地球上。在我们人类的家园——地球的演变中，各种物质不断作用，逐渐形成了由陆地、海洋组成的地表。又由于地球自身的运动，使陆地不断地聚合、分离，或抬升、隆起，或下降、沉陷。沧海桑田，河流改道，湖水成田。在经历了漫长的地质运动后，地表逐渐稳定下来，形成今天的样子。从人类的视角来看，地球表面发生着极为缓慢而又巨大的变动，但从太空的层面来看，我们的地球就是一颗被大气层围裹的蓝色星球。白色的飘云环绕其间，或浓或淡，或如飘絮，或似飞天。她典雅大气，自在从容，孕育着各种各样的生命。

在这颗神奇的星球上，产生了众多的文明。而最具活力与魅力、生命与韧性，从形成以来从未中断的文明，就是伟大的中华文明。中华文明犹如一条波涛汹涌却又绵延不绝的河流，创造这一文明的人们必然是充满了智慧和勇气。我们无法不去探究这样一群人究竟从何而来，现在就让我们开启这一段奇妙的探索之旅，去追溯和寻找璀璨中华文化的源流与根基。

一、华胥氏：生活在开满鲜花的高地上的人们

先谈一下典籍中的记载与传说中的故事。

这里先说一下比炎黄二帝更早的另一位先祖——伏羲。我们常常会说，伏羲是中华民族的人文先祖。这就是说在伏羲的时代，中华民族的文化初现，以伏羲为代表的先祖们在自己的劳动生产中创造了最初的文化礼制。所以说他是我们民族的人文先祖。

那么，伏羲是怎么回事呢？

典籍中有很多关于伏羲的记载。比如《周易》中就说，"古者包牺氏之王天下也，仰则观象于天，俯则观法于地，观鸟兽之文与地之宜"。文中的"包牺氏"就是伏羲。在古籍中，伏羲有很多读音相近的写法。如宓羲、庖牺、伏戏等，说的都是伏羲。

远古时期伏羲氏治理天下的时候，他仰身观测天空中日月星辰运行的轨迹，俯身勘测大地万物生长运动的规律，研究飞鸟禽兽来往活动的纹理路径，以及土地的特点和品性，以了解在什么季节、什么地

方会有动物出没，什么样的土地会生长什么样的植物，等等。远古的人类对自身与大自然的了解还比较少，今天我们看起来非常简单的东西，在那个时代并不为人所知。

所以大家千万不能简单地以今人的眼光来推论古人。我们今天知道的一切都是他们在千万年的实践中不断研究总结出来的。《周易》中的这一段描写就讲述了伏羲时代先祖们生活劳动的情况。其中伏羲是担负主要管理责任的，所以是"王天下"。

《太史公自序》中说，余闻之先人曰："伏羲至纯厚，作《易》八卦。"《史记》是由西汉伟大的史学家司马迁撰写的。司马迁自称"太史公"。在这部不朽的史著中，司马迁写道，我听先人说，伏羲具有高尚的品格，非常淳朴忠厚。

《山海经》记载，华胥踩踏了一位巨人的足迹，在雷泽这个地方生下了伏羲。那么就要问，伏羲生活在什么时代，又是哪里的人呢？这个"华胥"是谁，是什么意思呢？一般认为，伏羲生活在距今大约8000年的时期。据典籍记载，远古时期有一个部族就叫"华胥氏"，他们生活在被称为"昆仑"的大山之中。

这个昆仑山与我们现在地理学上说的昆仑山不是一回事。它到底在什么地方，说法也不一样。这也反映出伏羲与他的族人们生活的地方有很多。比如今天的甘肃天水、陕西蓝田、河南淮阳，以及山西晋南、山东菏泽、浙江台州等。"昆仑"到底是什么地方，这个问题比较复杂，我们在这里暂不进行讨论。但大概来说，传说比较集中的地方应该是他们活动比较多的地方。也很可能是华胥氏部族发展得比较好，原来生活的地方无法承载众多人口，很多人便去寻找更适宜的地方来养活自己。虽然他们迁徙到了别的地方，但仍然保留了华胥氏的部族名号，并向后人讲述先祖的创世业绩，使一代又一代的华胥氏后人了解自己的历史。大家只要知道，典籍中说的昆仑山是华胥氏部族生活的地方就可以了。"昆仑山"是一个被我们的先民神化了的山，是寄托着先祖神圣意味的"神山"，具有极为重要的人文含义。

不过伏羲属于华胥氏部族的说法却是一致的。这里要说说"华胥"是什么意思。我们先说一下"华"。在中国文字的演化进程中，"华"与"花"是同一个字的不同写法。也就是说，华就是花。最初在造字的时候，"华"的字形就是以花叶下垂的形象来表现花萼饱满、生长茂盛的样子。其含义就是我们所说的"花"。在很长的时期内，华与花是通用的。后来人们逐渐把"花"固定为表达花朵含义的花，"华"则由花而延伸出更多更美好的意义，如光彩、花的精华、茂盛典雅、高贵有文化等。

那么，"胥"是什么意思呢？查阅典籍，发现胥这个字的使用很杂，缺少具有代表性的解释。不过在古人的使用中，"胥"可以做副词用，是"都""全"的意思。如果这样的话，华胥的含义就是指一个到处都是花的地方。还有的说，"胥"有观察、看的含义。这样华胥就可以理解为看花的地方。但类似这样的说法好像没有人提出过。虽然它的含义没有什么太大的问题，但还不好从文字的角度来解释。不过有人认为，"华胥"本来是写为"华虚"的。比如昆仑山就被称为"昆仑虚"。这里的"虚"通"墟"，就是土丘的意思。墟与虚是通假字，是不同的写法。那么，"华胥"就应该是"华虚"，即"华墟"的借用。

如果是这样的话就很好理解了。所谓"华胥"，就是生长着茂盛灿烂的鲜花的山丘。而华胥部族就是生活在长满鲜花的山丘之中的人们。也就是说，他们生活在气候适宜、风调雨顺，利于植物生长的山丘高地之上。由于其地理环境、自然条件非常优越，植物就易于生长成活。所以这里鲜花盛开，万物成长，到处都充满了活力、诗意。大自然赋予这个部族的人们各种可抵御饥渴风寒的东西。大家只需要勤勤恳恳地劳动，采摘果实，捕获猎物，在河中打鱼，在土地上耕种就可以生活得很好，不需要为生计愁苦焦虑，不会对未来感到失望。因此，华胥氏部族的民众就是一群热爱大自然、热爱劳动，充满了诗情与想象力的群体。

华胥氏部族的首领是一位美丽高贵、对大自然充满好奇之心的女性。她的名字就叫华胥氏。华胥氏与同胞们狩猎捕鱼，采摘耕作。闲暇时欣赏大自然的无限风光。山水树木，花草土石，是那样的亲切。飞鸟走兽，游鱼鲜虾，如同自己的邻里家人。看天空中风云变幻，星斗奇邈，激起华胥氏无限的想象。她不禁思考：天为什么是蓝的？鸟为什么会飞？云从哪里飘来又往哪里去？无垠的大地为什么会生长出树木花草？哪些果实可以食用？河水从哪里来又流往哪里去？大自然中的万事万物真是充满了神奇。

传说有一天，华胥氏在山中游走，无意中来到了一片水泽浩渺、花草茂盛的地方。她们称这里为"雷泽"。她看到雷泽之中的鱼在水中尽情地来来往往，碧绿的水草穿过水面熠熠生辉。这仙境般的美景使她迷醉。不远处竟然有一串巨大的脚印。是什么人的足迹比常人要大这么多？华胥氏十分好奇地踩踏上去，看到自己的脚印比这个脚印小很多。忽然，她的头一阵阵发晕，腹中上下翻滚。不知过了多久，华胥氏从昏睡中醒了过来。赤橙黄绿青蓝紫，七色彩虹环绕着她，在天空形成一个瑰丽夺目的拱门。天，蓝得透亮，一片明静。白云缓缓而过，好像在看她干什么。有燕子飞来，落在华胥氏身边，叽叽喳喳，似乎要告诉她什么。竟然有一只燕子飞到了她的身上。先是站在她的胸口凝视她的面容，后又卧在她的腹部一动不动。华胥氏忽然明白，自己怀孕了。十二年后，华胥氏生下了一个男孩，就是我们说的伏羲。后来，她还生了一个女孩，就是我们都知道的女娲。

多少年过去了。大雨滂沱，下个不止。地上暴发了山洪，很多人被洪水淹没，或死或伤。族人四散，不知去向，只留下了伏羲与女娲兄妹二人。两人四望，只有大水过后留下的泥沙。那些本来生长得好好的花草也被冲得东倒西歪。既看不到人，也没有了家。他俩相依为命，收拾被洪水冲毁的家园，生机渐渐恢复起来。那些树木长得更加苗壮，花草更加茂盛。有很多果实可供他们采摘储藏。他们又开出一片土地，种上了粟谷，期待有一个丰收的季节。但是，忧虑也在加深。多年后，他们将老去。这美丽的华墟就会没有人烟。一想到这些，二人非常忐忑。如果种族不能延续，世上就没有了人。这是多么荒凉、可怕的事情啊！但他们又找不到其他的人。可能这世上除了他们之外已经没有人了吧。伏羲与女娲面临着华胥氏部族人种延续的考验。

二、伏羲与女娲的创世天命

人的孕育生长有一个过程。要很快地使这里人烟繁盛，不知道要多少年月。女娲非常焦虑，于是用黄土捏了一个人。没有想到，那泥人刚刚放到地上，就开始走动，瞬间长到一人之高。伏羲和女娲都惊呆了。女娲继续用黄土捏泥人，那些泥人很快又长大了。但是，女娲仍然感到这样太慢了。她希望有更多的人生活在这片土地上。情急之下，就用树枝在泥水中抽甩起来，溅起了大大小小的泥点散落四处。让她惊讶的是，这些泥点一落地也很快就长成了人。男男女女，高低大小，形态不同，很是热闹，家园恢复了生机。华胥氏部族的血脉得到了延续，并在漫长的历史中演化为一个伟大的民族。女娲与伏羲也被尊为人祖。

我们知道，按现代生命科学原理来说，人不可能是泥土做的。女娲团土造人的神话其实是我们的先人对自然与生命的夸张想象，是我们的先祖对最初人类生活形态具有神性的解释。这种说法口口相传，代代相承，刻在了民族的记忆当中。不过，从这样的解释中，我们可以对当时的社会文化形态，以及我们民族的精神世界有一些了解。

典籍中关于伏羲女娲的记载反映了远古时代的社会生活。伏羲所处的时代，人们主要从事打猎、捕鱼、采集劳动。根据考古研究，那时也出现了初步的种植农业。那时的人们已经能够"种"，就是初步掌握了种植的劳动技能。显然，伏羲的时代仍然处于比较原始的社会形态。华胥氏就是一个有着共同生活的原始部族。这里的"族"是指有共同血缘与财产的人群。由于生产力还不够发达，在那一时期可能还不存在私有财产。

从婚姻的形态来看，伏羲时代是以女性为主的母系婚姻。不过，就人类出现的大约两百万年的时间来看，一夫一妻制以及"父系婚姻"只有很短的时期，大概四五千年的样子，连一万年都不到。婚姻形态与社会发展程度是紧密相连的。在人类最初的母系氏族社会时期，人们只知道母亲，不知道父亲。

但是，人们逐渐发现，相同年龄段的人婚配，生出的孩子才比较健康。这就出现了同一辈人婚配的现象。人类进入了"血缘婚"阶段。血缘婚也叫班辈婚，或辈行婚。最大的特点就是不同辈分年龄的人不能婚配。渐渐地人们又发现，尽管如此，同一种族姓的人婚配，也会出现很多问题。比如，由于血缘相近，生出的孩子会有身体的残缺或智力方面的问题。这样就发展出族外婚的婚姻形态。就是同一族姓不能婚配。随着生产力的发展，社会财富的增加，又出现了具有排他性与独占性的婚姻。这一时期，婚配的男女会相对稳定，但仍然是以母系为主。我们在典籍中可以看到，很多非常重要的人物，他们的出生都具有某种"神意"，不知道父亲，只知道母亲。伏羲就是这样。

在一些记载中说伏羲的父亲是"雷神"。但雷神并不是人,是神。华胥氏是在雷泽这个地方踏神迹而怀孕的。

典籍中记载,那一时期伏羲做了几件大事,促进了人文进化。其中之一是制嫁娶,就是制定了婚姻的制度;之二是正姓氏,明确了不同部族之间的标志——姓氏。比如伏羲与女娲就属于华胥氏部族,姓风。这些都反映出那一时期社会人文的进步,特别是从血缘婚向族外婚的转变。当时,人们已经意识到,这样的转变是"重人伦之本"的体现。所以说伏羲时代始定人道。

从伏羲女娲的神话中也可以了解到中华民族在形成之初就表现出来的一些精神特质。比如,人与大自然之间有一种非常和谐的关系。大自然孕育了人类,也养育了华胥氏部族,即中华民族的先祖。在他们最初生活的地方,天人相应,花美草肥,万物兴盛,充满诗情画意。即使是遭遇了大洪水这样的灾难,也能从大自然中获得新的生命与活力。在危难的时刻,我们的先祖并没有丧失信念,而是勇敢地承担起重振人文的使命。即使这个过程非常艰难也不能摧折他们的信心与智慧。他们的选择是遵从自然之道并从部族的整体命运出发,对自己的种族负责。

这与其他地区创世神话中表现出来的价值选择有许多不同。比如西方亚当与夏娃的故事中就说,亚当是上帝按照自己的形象用尘土造出来的第一个人。上帝让亚当守护东方伊甸园中的神树,不允许他吃善恶树上的果子。上帝还用亚当的肋骨造了一个女人,就是夏娃。可是夏娃经受不住蛇的诱惑,把善恶树上的果子吃了,还给亚当吃了一个。这使上帝非常愤怒,把他们赶出了伊甸园。从此,亚当与夏娃离开了神界,来到了人间,成为人类的始祖。

在这样的神话中,人不是自然演化的结果,而是神——上帝按照自己的意愿创造的。人也不是遵从自身的责任创造了人类,而是因为诱惑与欲望成了人。同时，人与自然是对立的——如果蛇这一诱惑者象征自然，亚当与夏娃作为被诱惑者象征人类的话。它们还有一个很大的不同是，夏娃是由亚当的肋骨变成的，女性是男性的附属物。亚当与夏娃的关系不像伏羲与女娲那样，共同承担责任，与洪水抗争，创造人类的新生活，而是在欲望的驱使下共同接受诱惑，并进一步堕落。从这些分析中可以看出来，不同地区的人们对世界、人类的理解是存在差异的。他们的文化在形成之时就有明显的区别。不过，我们也要意识到，不同文化之间也存在着相同的地方。比如人是由土变来的——亚当是尘土变的，而女娲则用黄土造人。

三、西阴之花：上古"华"民族的文化标识

上面我们主要从典籍记载的神话传说中探讨中华文明的起源，说明他们的出现与大自然的关系非常密切。我们的先祖最早出现在一个百花盛开、鲜花璀璨的高地。他们被称为华胥氏部族。下面我们从考古学研究的成果来看看中华民族的先祖是什么情况。

伏羲是中华神话中人类的始祖。据传说，他最重要的生活地可能是甘肃天水一带。所以人们称天水为"羲皇故里"，称那里的秦安为"羲里娲乡"。考古学家在这一带发现了一个非常重要的遗址，就是大地湾遗址。里面有许多重要的文化遗存。如深穴窝棚式建筑，宫殿建筑的雏形，呈扇面形的村庄，以及炭化了的黍与油菜籽，等等。在一些陶器上还发现了 20 多种刻划符号，是文字最早的雏形。考古学家认为，大地湾文化的年代为公元前 5800～前 5300 年。虽然我们不能简单地认为这些遗存就是伏羲女娲的历史印记，但这些发现与传说中的伏羲时代是相应的。

在大地湾遗址中还发现了石器与陶器。这些石器中有石磨、石刀等，显示当时的农业生产已经得到了较高的发展。很可能在采摘之外，种植已经成为非常重要的生产方式。这里发现的陶器，形式多样。特别是有许多彩陶非常重要，它们是仰韶文化的重要标志。其中的一件人头形器口彩陶最具影响。

仰韶文化在中国考古学中占有极为重要的地位，影响波及黄河中下游一带，也就是中华文明形成最重要的地带，包括甘肃、青海、陕西、山西等黄土高原地区，以及蒙古高原与黄河以南的一部分地区。同时，仰韶文化对辽河流域的红山文化、山东的大汶口文化、杭嘉湖平原良渚文化的前身崧泽文化、川渝地区的大溪文化等都产生了重要影响。

仰韶文化的传播，形成了我们远古时期最早的文化统一形态。我国著名的考古学家苏秉琦先生认为，仰韶文化是中国国家起源史和中华民族起源史这座大厦中的一根擎梁柱。而在大地湾遗址中发现的文化遗存证明，以彩陶为代表的仰韶文化至少在 8000 年前就已经出现了。

一般认为，仰韶文化可以分为两种类型。一种是半坡类型，一种是庙底沟类型。半坡类型的仰韶文化陶器上面多画有鱼、鸟、鹿等动物的图案，还有几何纹、编织纹图案等。这说明那一时期的社会生产多为渔猎畜牧。庙底沟类型的陶器上面的图案多为花瓣纹、钩叶纹，鱼、鸟为代表的动物纹与编织纹大大减少。

这种现象也说明，人们的生产方式中出现了种植。种植农业应该在那一时期具有非常重要的地位。在仰韶文化庙底沟类型的陶器中，花瓣纹最具代表性。陶器上的这种花瓣纹有什么含义呢？我们先讲一个故事。

1926 年的时候，著名考古学家李济先生与地质学家袁复礼先生到山西晋南一带勘察寻找"夏墟"，也就是夏人曾经生活过的地方。他们从北京出发，先到了太原，又去往晋南一带。到了夏县的时候，他们

仰韶文化时期陶器

在一个叫"西阴"的村里发现了大片堆积着的史前陶片遗存。后来考古学家在这里进行了科学的发掘，发现很多陶片上面都画着这种花绘图案。古人在红色彩陶上面用黑色画出弧线、钩叶、三角等图形，再搭配上斜线、直线与圆点，构成了一种连续不断的花卉形态。这些花卉图案造型典雅，形象生动，突出了花的精髓，具有高度的抽象性。由于李济先生等是在夏县的西阴村发现这些花卉图案的，人们将其称之为"西阴之花"。

那些把花卉描绘在陶器上的人们以花为尊，为标识。在他们活动的地带，出现了很多以花为名的地方。今天我们还可以见到华山、华阴的地名，都在黄河沿线陕西一侧。学者们研究认为，在山西一侧晋南一带，也有很多以华为名的地方。如华水、华谷，以及华国等。在河南也有华阳等。不过，这些地名现在大多已经不用了。地名也可以反映出那些爱花人群活动的地域。他们把自己劳动生活的地方叫"华"，并且把花作为一种文化标志。

苏秉琦先生就认为，仰韶文化庙底沟类型，也就是以"西阴之花"为标志的那种文化类型，可能就是上古"华"民族的遗存。

这就是说，"西阴之花"这种花卉图案可能就是那些爱花、尊花、种花人群的文化标识。苏先生的这个观点在学术界取得了共识。

不过，我们要注意到，前面我们已经说过，"华"的含义随着时间的推移，逐渐发生了变化。"华"不再是对具体事物的指称，而是演化为文明程度高的意思。

当我们说自己是"华人"的时候，是因为我们的先祖对以"花"为代表的自然之子花草树木等充满了情感、尊重、喜爱，并以种植这些植物为荣。以人文始祖伏羲、女娲为代表，生活在长满鲜花的地方的人群被称为华胥氏部族。

读完后，请你用自己的话谈谈对以下知识点的理解。

1. 华胥氏

2. 伏羲、女娲

3. 西阴之花

第二章　我们是谁

我们的祖国有多少个好听的名字？外国人怎么称呼我们？这里，为你娓娓道来。

我们的民族是一个更注重在土地上耕作的民族，是一个以劳动创造而不是以交换贸易、战争强力获取生产生活资源的民族。同时，我们也是一个极富诗意与情感的民族。下面要谈的是与我们这个民族称谓有关的一些概念。

一、中国、中华、华夏是什么意思

我们经常会说，我是中国人，并因此而感到自豪。但是，中国是什么意思，作为一种名称又是在什么时候出现的？中国与中华、华夏是什么关系？这里我们做一点介绍。

那么，最早的"中国"是什么意思呢？

首先我们说一下怎么理解这里说的"国"。大家千万不要以为，这里说的"国"和我们今天说的"国"是一样的。以前的"国"不会像今天一样有完善的国家构架、组织管理体系，有中央、地方与各部门的管理官员，有明确的疆域划分等。这里说的"国"是"古国"。我们想一想也能知道，在文明初现，社会还不够发达的时候，古国的社会形态、国家形态、管理形态都与今天是不同的。前面我们介绍了部族，例如华胥氏，它们就是共同生活、拥有共同财产、具有血缘意义的人群。但是随着生产力的发展进步，这样的部族已经不能满足社会需要，发生了变化。很可能在某一部族中有了其他部族的人。如通过婚姻或者战争，某一部族中出现了许多其他部族的人。还有因为某一地方比较富裕，发展得比较好，很多其他地方的人也来到这一地区。又因为这里发展比较快，对劳动力的需求也比较大，所以也能够接纳这些外来的人群。

凡此种种，某一地方可能就会聚集了比其他地方多的人。人多了，管理的复杂程度就增加了。过去大家都一样，由一个德高望重的老人组织大家劳动、祭祀。他也与大家一起参加劳动。但现在人多了，这种管理形式就不适应了，需要有人专门从事组织、管理与祭祀活动。逐渐地，这些人就顾不上与大家一起劳动了。随着劳动技能的进步，就出现了一部分人主要从事采集，一部分人主要从事耕种，另一部分人主要从事畜牧，还有人要把自己生产的一时用不了的东西拿来与其他的人交换。这样，社会就出现了分工。

大体来看，这一时期出现了管理阶层与被管理阶层。细分下来，还可分为从事农业、畜牧业、渔业、商业、手工业劳动的人。人们不再是有活大家一起干，而是各有专长，各有职能。这样的生产形态引发的后果就是整个社会的财富增加了。每个人在劳动之后得到一定的劳动果实保证自己的基本需求，尽可能地吃饱、穿暖，繁衍后代。那么，如何分配剩余财富的问题也出现了。

在这样的情况下，人们就会更多地聚集在管理人员集中的地方，以方便管理，也方便了财产的使用、分配与储藏。这就需要建一个能够保证财产存储的地方。人们逐渐发明了"城市"这种建筑设施。当城市出现的时候，早期的"国"就出现了。这时的"国家"，总体来看还比较简单。它不仅需要有一个城，用来管理交换，还需要有一个"王"，就是对管理负主要责任的人。在城外还有很多服从其管理的人民。他们围绕这个城市生活。所以城内的人民与周边的人民就共同形成了"民"，都属于这个国。

做个不太准确的比喻，那时的国大概与今天的城镇差不多，甚至还没有现在的城镇大。这样的国也不止一个两个，而是有很多。这些不同的国之间有各种各样的联系。其中可能会有威望比较高的国"王"，就会经常地协调其他各个国之间的关系，渐渐地被各国承认，认为它是各国的领头羊，大家都听他的话。后人认为这个人就是"帝"。但当时的人并不是称其为"帝"的。帝是后人加封的称号。

我们要注意到，在早期，这样的帝不是由谁任命的，也不是大家选举的，而是自然而然地形成的，依靠的是他本人的德行、威望与能力。比如史籍中就记载尧帝"协和万邦"，说尧受到了各国的尊重，能够把这些"国家"协调起来，大家一起劳动生活。人们认为，在众多的国中，只有"帝"所在的那个国才是最重要的，是"中国"。所以古籍中说"帝王之都为中国"。

但是，这个"帝"做出的决策、判断是不是好的、正确的，具有正当性与权威性的，由谁来判定呢？这对于远古的人们来说是一个非常重要的问题。人们发现，大地上生长的万物都是有周期性变化的。如在寒冷的天气过去后，植物慢慢地就会发芽，逐渐变绿。经过一段时间的生长后就会结果。然后天气又变得非常寒冷。决定天气变化的并不是人自己，也不是管理自己的帝，而是"天"。天要植物变绿，植物就会变绿。天要下雨，就会下雨。人要做什么，首先要知道这一行为是不是符合天的旨意。如果不按照天的旨意做事的话，就会遭殃。刚刚下种，寒流侵袭，种子就发不了芽。果实成熟了，但不去收获，就会腐烂。所以，了解天，也就是大自然运行的周期与规律是非常重要的。

但是天并不说话，就如典籍中说的"天不言"，它不会告诉你应该做什么，不应该做什么。这就需要有能够通达上天、领会天意的人。这个人应该是天、地、人之间的联络者、沟通人，他必须德高望重，品性与智慧、能力都非常超群，能够理解天意，得到天的信赖。这样的人才能称作"帝"。但是，帝并不能够随时随地与天沟通，而是要有相应的仪式和场所。这个场所古人就叫作"地中"。地中就是人间通达天意的圣地，是确定人的行为正当性的所在。

那么，"地中"在哪里呢？古人经过不断的实践、研究，得到了答案。如《周礼》中就记载了寻找地中的办法，认为如果能够找到一个地方，在夏至的正午竖起古人称之为"圭表"的测量仪，它的影子落在地上，正好是一尺五寸长，说明这个地方就是"地中"。大家要注意，这个"地中"不是地理意义上的大地中心，而是文化意义上的中心。它的含义是地上的人能够与天对话，领会天意的地方。而找到并且拥有"地中"的王就是具有正当性的"帝"。

考古学家们在山西襄汾陶寺遗址都城的东南部发现了一处被认为是观象台的遗存。这个观象台是距今4500年左右的人们观测天象、勘测地气的地方。其中有一个观测点，经过反复的模拟测试，人们发现这个观测点符合古人所说的"地中"的条件，可以确定这里就是尧时代的一处大型天文观象台。其中的观测点就是当时人们找到的"地中"。这一发现也能够证明尧是那一时期具有统领意味的"帝"，所以后人称其为尧帝。

这样的话，我们就知道"中"这个字的含义并不是度量衡中一半、中间的意思。这些都是后来延伸出来的。"中"最初的含义体现出一种非常神圣的意味，是人间与上天沟通的地方。人间的事务是不是符合天意，要在这里举行相应的仪式来确定。这并不是迷信，而是我们的先人在劳动生产过程中的一种探索。他们在实践中知道了人的行为要符合大自然的要求，不能恣意妄为、违背自然规律。也正因此形成了中华文化中最重要的一个观念，就是天人合一。天，也就是大自然，与人是统一的整体。人虽然有自己的独立性，但从根本来看是大自然的一部分，也必须遵循大自然的法则。

同时，我们注意到，这种思想的出现，是与中国古代天文学的发展一致的。或者也可以这样说，正是由于古代农业发展的需要，出现了在当时来看非常发达的天文学成果。而这种成果又影响了我们先人对自然界、社会，以及自身的认识。他们得出的结论就是天人合一。而"中"表现的就是这种人与自然，或者说与天统一和谐的状态。所以，当我们说"中国"的时候，要了解我们的先人对大自然、对人类社会的体验、认知与研究。"中国"的含义并不是位于中间或中部的国家，而是能够通达天意、领会自然之道，把握人与大自然和谐关系的国家。这个词是具有神圣意味的。

我们说我们是中华民族，就是说，我们是一个能够把握大自然运行规律，体现天、地、人同一和谐精神的民族。

那么，"华夏"又是什么意思，该如何理解呢？

前面我们介绍了"华"，这里主要说一下"夏"的含义。在中华传统文化中，夏也是一个非常重要的概念。首先我们从这个字的字义上来看，夏在典籍中有许多解释，比如"夏，大也"。为什么说是"大"，很可能是因为"夏"所代表的季节夏天是万物生长的时节。在这段时间里，植物也好，动物也好，都得到了充分的生长，长到了它们最可能的极致，就是"大"。但是人们在这个含义上又有延伸，认为夏还包含了一种明亮、高远、盛大、富有生命力的意义。所以，"夏"也就成为体现特定文化发展兴盛的字。

我们的典籍中就记有"中国有礼仪之大，故称夏；有服章之美，谓之华"。就是说，因为我们有盛大、典雅、庄严的礼仪，所以就称为"夏"。有华丽典雅的服装与规章礼制，所以就称为"华"。这里，华、夏是同一含义的不同写法，说的都是一件事，就是文明程度比较高，文化发展比较好，社会生活有序规范的意思。我们可以这样认为，所谓"华夏"就是指社会文明程度高的地方，是体现了社会发展与人的需求、与天地的法则相一致、相适应的形态。

在很多情况下，我们可以说中国、中华、华夏是同一个概念，是可以互用的。但实际上这几个概念是有区别的。中国可能会更强调国家意义，有主权疆域、治理体系等。而中华、华夏一般更强调文化意义，是由我们民族创造的文化的代称。就中华与华夏这两个概念来说，华夏是指我们的民族最初最早生活的地域，是形成之后中国、中华的主体。从文明的形态来看，华夏是我们文明的古典形态，在融合了更多的其他族群，地域也逐渐扩展之后，就形成了我们所说的中华。不论是中华民族、中华地域，还是中华文化、中华文明，都是以华夏为主体形成的。它们强调的是对文化的认同。当我们认为它们是同一个概念的时候，主要是强调其文化意义上的同一性。

在《史记》这部伟大的历史著作中，记载了赵国公子成关于中国的一段话，非常典型。赵公子成是赵国的重要官员，对赵国的强盛发挥了极为重要的作用。他说，"中国者，盖聪明循智之所居也，万物财用之所聚也，贤圣之所教也，仁义之所施也，诗书礼乐之所用也，异敏技能之所试也，远方之所观赴也，蛮夷之所义行也"。

这段话大概的意思就是说，所谓中国，就是那些聪明智慧的人居住的地方，各种财富聚集的地方，接受了圣贤的教化，能够施行仁义的地方。在这里，人们学习诗书礼仪，并运用到实际当中。偏远地方的人们总是来这里观摩学习，落后地方的人们非常愿意效仿。这段话强调了中国或者说华夏、中华的文明程度是非常高的，不仅汇聚着天下最具智慧的人们，而且有富足的财富。这里的人们都学习圣贤的教导，有非常好的教养、风度，能够不断地发明创造。这对落后、偏远地区的人们有非常大的吸引力、影响力。所以当我们说自己是中国人时，中国并不是一个简单的地域名称，而是隐含着深刻的文化自信的文明崇高之地。

二、我们还有什么称呼

尽管在不同的历史时期，"中国"的具体含义有一定的变化，但历朝历代都以"中国"来指称我们自己的国家。即使是那些属于中华民族大家庭但却不是由汉族建立的政权也认为自己是中国，而不是别的什么国。比如忽必烈就认为自己统治的"元朝"是"中统"，就是"中国正统"的意思。他自己是"中国之主"。而清朝的皇帝康熙也自称"中国大皇帝"。国外的使节、学者也认为他们是"中国"的皇帝。但是关于中国，还有很多的称呼。这里我们也简单做点介绍。

作为国家的名称，我们是中国。但在不同的历史时期，或者不同的场合，还有一些其他的称呼。比如不同的朝代，在国名"中国"之外，还有朝代名。这就是我们常说的夏商周，秦汉魏晋，隋唐，宋元明清等。电视剧中常有"大秦""大汉"，"大唐盛世""大明王朝"之类的说法。但我们不能认为那一时期不是"中国"。这些朝代的名称是那一时期"中国"的"国号"。就如同今天我们说我们的国家是中国，但全称是中华人民共和国。

除了这些大家都知道的称呼外，还有很多其他的称呼也是指称中国的。有学者认为，这些称呼应该是中国的"名号"。"中国"也有很多其他的称呼。人们往往用华夏指称中国。相应地就出现了"诸夏""中夏""有夏"以及"诸华"等名号。

大家知道尧舜时期曾经有洪水泛滥。而治理洪水的人就是大禹。大禹为了治水，往来各地，考察四方，足迹遍布中国，划定了九州。这些在《左传》这部典籍中有详细的记载，说"茫茫禹迹，划为九州"。人们也就常常用"禹迹"与"九州"来指称中国。

我们的古人在漫长的历史时期内，一直在探寻世界的构成模式，研究人是居住在什么样的地方，在人居住的大地之外是怎样的光景，天与地的关系是什么等一系列宇宙形态的问题，表现了我们祖先积极的探索精神与丰富的想象力。这样就出现了许多与地理方位、宇宙形态相关的概念来指称中国。比如古人认为在我们居住的大地之外，东南西北四面都是大海，所以就用"四海"来代指中国。而四海之内广阔的土地由不同的部分构成。在大禹时就出现了"九州"这样的概念。九州之中以冀州最为重要，因为这里生活着我们最早的先祖，如传说中的炎黄二帝，以及后来的尧舜禹等，是天子所居之地。所以也以"冀州""中冀"来指称中国。由于他们认为冀州位于文化意义上的中部，所以也用"中土"来代指冀州，进而中土也具有了中国的含义。

与这种宇宙观有关的一种称谓是"赤县神州"。人们也常把这一名称分开使用，称中国为"赤县"或"神州"。为什么是赤县神州，各家解释不太一致，但与上古时期中国人的宇宙观有关。这一称谓最早应该是战国时期的天文地理学家邹衍提出来的。他说"中国名曰赤县神州"。有一种说法认为，之所以这样命名中国，是因为炎帝统领的地区就叫赤县。炎帝属火星，所以是赤，也就是说是红色的区域。而黄帝统领的区域叫神州。黄帝属土星，土是人类生存的基本要素，所以具有神性，是神圣的地域，所以称为神州。赤县神州也反映了炎帝黄帝两大部族的融合，是他们所统领地域的共同名称。这种说法可以供大家参考。我们需要知道的就是，赤县神州是对中国的一种文化称谓。

以上关于我们国家称谓的介绍，大部分说的是国家层面的名称。但是，关于中国也还有很多其他层面的称谓。比如以动物来比喻中国，就有龙、狮等。我们经常说巨龙腾飞，就是说伟大中国的兴盛繁荣。所谓的"睡狮""醒狮""雄狮"正反映了近代中国从沉睡落后到觉醒奋起，并能走向民族复兴的历史进程。不过，还有一种称谓是以朝代来统称的。最有代表性的就是夏、汉、唐。这里的夏更强调的是夏朝。但我们说"夏"的时候往往不是指夏季、夏天，而是指夏人、夏国，也就是中国人、中国。说汉、唐的时候，也多是指中国。比如国外很多城市都有"唐人街"。这里的"唐"就是指"中国"。唐人街就是指中国人聚集的地方。

三、外国人怎么称呼我们

那么，其他国家的人怎么称呼中国呢？也是各不相同。我们知道在英语中把"中国"翻译为"China"。同时瓷器也用这个词，也是叫china。很多人认为这是因为中国是瓷器的故乡，传播到欧洲后受到了欧洲人的重视与喜爱，所以就借用"瓷器"这个词来代指中国。这种说法不能说没有道理。但是也有人认为并不正确，他们说China应该是"秦"的对译。这是因为秦在当时的国际上产生了重要的影响，所以欧洲人把"秦"作为指称中国的名词。有趣的是在中国的史书中，也把欧洲的罗马帝国称为"大秦"。比如《后汉书》中就说，"其人长大平正，有类中国，故谓之大秦"。

还有一种是把中国称为"震旦"。这主要是源于对佛经的翻译。中国僧人在自己的著作中也以"真丹""震旦"来称自己的国家。至唐后，震旦的使用更为广泛，逐渐成为一个比较常用的名称。根据人们在《易经》中关于"震"卦的解释，认为"万物出乎震。震，东方也"。而"旦"，显然就是日出的意思。按这样的解释，震旦所代表的"中国"，就是滋生万物的地方，是日出之地，太阳升起的地方。

我们的国家是丝绸的故乡。丝绸原产于中国，对世界产生了极为深刻的影响。我们常说的"丝绸之路"主要就是因为在这条商路上数量最多的大宗商品就是丝绸及其制品。所以很多地方也把中国与丝绸联系起来，称中国为"丝国"。

在公元 6 世纪后，中亚一带对中国的称呼出现了一个非常具有诗意的词，就是"桃花石"。这一称谓的使用在中亚、北亚、西亚及欧洲的部分地区很广泛，一直延续至公元 15 世纪，大约有 1000 年。桃花石，写为 Taugas。据学者们考证，Taugas 应该是对"大汗"的音译。中亚一带，历史上与北方草原各民族之间的关系十分密切。这些草原民族的人民与我国中原地区有极深的联系。特别是汉代，不仅国力强盛，且开通了丝绸之路，联系尤为密切。至隋唐时期，这种联系进一步深入。在元朝的时候，欧亚地区建立了许多"汗国"。他们对最高统治者称"han"，一般翻译为"汗"。Taugas 所代表的"大汗"反映了中亚一带对中国的国家认同，认为自己是中国的一部分。这一称谓也被译为陶格斯，但还是以桃花石的使用最为广泛。

另一个比较流行的称谓是"契丹"。大家知道契丹是我国古代的一个族群，起源于东北辽河一带。在唐末五代时进一步兴起，建立了"契丹"政权，后来改成"辽"。由于契丹族群的扩张，其在蒙古草原及中亚一带产生了重要影响。契丹族群在西域建立的"西辽"政权非常强盛，影响很大，以至于很多人用"契丹"来指称中国。我们要注意到的是，当人们使用"契丹"这一指称时，并不一定就是指中国，也可能是指中国的北部。这种称谓大约从公元 12 世纪之后开始使用，至 16 世纪后逐渐少了起来。但是在俄语地区直至今天仍然使用这一指称。在大部分的文字中，契丹写作 Cathay。

尽管对我们国家的叫法有很多，这里也只能谈一谈最有代表性的几个。作为中国人，大家应该知道我们国家在不同时期的称谓。从这些称谓中，我们也可以了解到中国在历史上产生的巨大影响，感受到中华文化的悠久博大。

读完后，请你用自己的话谈谈对以下知识点的理解。

4. 中华

5. 华夏

6. 九州

第三章　我们的土地与人民

> 广袤华夏，山河壮丽，得天独厚的地理优势孕育了我们的文化，也造就了华夏民族的辉煌灿烂。

每当夜幕降临，我们进入梦乡的时候，是不是想过这些问题——大地是不是还在旋转？天上的星星是不是仍然闪烁着光芒？远处的河流是不是还在不停地流淌？它们为什么流向了大海，而不是留在了土地上？是什么人在这样的星光之下，仰观天文，俯察地理？五十年，一百年，两千年，五千年……这神秘的土地上一直都有这么多人吗？在那些说不清的日子里，他们到哪里上学，在哪里上班，有没有外卖，是不是也会打游戏？他们的书包也是现在这样的吗？

让我们来了解一下，我们的人民是如何生活在祖国的土地上。

一、通天之地

当我们走出家门的时候，就会走向一个更为广阔的世界。眼前的土地，向四面八方不断地伸展，无边无际。在更远的地方，我们的祖国连接着怎样的高山大海、河流平原？

打开世界地形图，我们就会看到，地球是由蓝色的海洋与绿色的陆地构成的。其中，海洋的面积占比大概是十分之七，陆地的面积占比大概是十分之三。地球上最高的地方在亚洲，是青藏高原上一条隆起的山脉，叫喜马拉雅山脉。它的最高峰是珠穆朗玛峰，海拔 8848.86 米，是世界第一高峰。如果有机会可以站在珠穆朗玛峰上向东瞭望，目光穿透缭绕的云雾，就会发现，越是往东，地势越低，地表越绿，直至大海。如果你想在世界地图上很快找到中国，你就找最高的地方。它东面连绵不绝的土地就是中国。

我们的祖国位于太平洋西岸与喜马拉雅山脉、蒙古高原之间。整体来看，她的西南部很高，向东逐渐降低，到东南沿海一带深入海洋，是一种西高东低的态势。科学家们对这样的地形进行了研究，从西往东分为三个阶梯。我们也可以简单地说是"三级地貌"。这是我国地理环境最主要的特点。

在祖国的西南部，是隆起的山脉与高原，被称为第一级阶梯。它由青藏高原与柴达木盆地两大部分构成。北边的昆仑山、阿尔金山、祁连山与东边的横断山脉由北向南，划出了一个美丽的弧线。西部是帕米尔高原与喀喇昆仑山脉，南边就是喜马拉雅山脉，高高耸立在印度半岛与青藏高原之间。这一带，海拔在 4000 米以上。喜马拉雅山是一座巨大的山脉，其中最高峰是珠穆朗玛峰，青藏高原被誉为世界屋脊。

如果我们从第一级阶梯往东往北，发现地势明显降低，就进入了第二级阶梯。在第二级阶梯中，除内蒙古高原、黄土高原、云贵高原三大高原外，还有准噶尔盆地、四川盆地、塔里木盆地三大盆地，大致是六大部分。这一带，平均海拔在 1000 米至 2000 米。它的东边是大兴安岭、太行山脉、巫山、雪峰山，西南是昆仑山脉。在第二级阶梯，有我国海拔最低的地方，那就是新疆吐鲁番的艾丁湖。湖面比海

喜马拉雅山脉

平面大约低 150 米，与珠穆朗玛峰的高度相差大约 9000 米。这种地貌的高差应该是世界上绝无仅有的了。

沿着第二级阶梯再往东，地势就会进一步降低，进入第三级阶梯。在第三级阶梯，主要是以平原为主的地貌。包括东北平原、华北平原、长江中下游平原三大平原，以及间杂其间的辽东丘陵、山东丘陵、东南丘陵三大丘陵地带，大致也有六部分。这一带的平均海拔在 500 米以下。

第三级阶梯再往东，就是大海，是太平洋的西海岸。顺着我国大陆的边缘，由北向南，依次分布着渤海、黄海、东海与南海。在这些海洋中，还有许多岛屿。如我们的宝岛台湾、海南岛、舟山群岛以及南海诸岛等。我国陆地面积约为 960 万平方千米，海域面积为 470 多万平方千米。

海洋与陆地一样，都是我们祖国的宝贵疆域。这样来看，我国地貌就呈现出一种由东向西逐渐升高的态势，直至世界屋脊，与天为党。用西藏当地人的话来说，那里是通天的地方。如果我们从大海一路向西，登上第三级阶梯，再登上第二级阶梯，然后登上第一级阶梯，从飞云缭绕的喜马拉雅山上放眼四望，就会发现自己是在天上。不过，这里说的"天"，并不仅仅是一种自然概念，而是一种具有神圣文化含义的说法。

除了高山、平原之外，我们的祖国还有众多的河流。其中最重要的是北方的黄河与南方的长江。这两条河是我们中华民族的母亲河。她们都发源于今天的青海一带。在第一级阶梯青藏高原的腹地，有一片被称为"三江源"的地方。三江指的是黄河、长江与澜沧江。"三江源"就是这三条河源头的汇水区，被誉为"中华水塔""亚洲水塔"。

根据"河源唯远"的原则，科学家们认定卡日曲为黄河的源头，沱沱河为长江的源头。这一带，可可西里山、唐古拉山脉横贯其间。高高的雪山上有终年不化的积雪，冰川广布，湖泊、沼泽众多。除澜沧江向南流入中亚半岛外，黄河与长江都是一路向东，流入大海。此外，我国疆域内，还有很多的其他河流。如辽河、渭河、汾河、淮河，汉江、珠江等。这些河流又有众多的支流，还有与之相连的湖泊，如青海湖、洞庭湖、太湖、巢湖、镜泊湖、鄱阳湖等。遍布南北东西的水系如网似络，纵横交错。而那些湖泊，如同颗颗明珠，编缀在祖国的水系网络之上，闪烁其间，瑰丽迷人。

我国也是沙漠地貌非常突出的国家。在新疆，有塔克拉玛干沙漠、古尔班通古特沙漠；在内蒙古有巴丹吉林沙漠、腾格里沙漠、乌兰布和沙漠、库布齐沙漠、毛乌素沙漠、浑善达克沙地等；在青海有柴达木沙漠，以及新疆、甘肃一带的库姆塔格沙漠等。沙漠形成的原因主要是干旱。可能是地表植被破坏后难以保持水分，也可能是降水量稀少，还可能是地处内陆深处，海洋水汽难以进入，等等。

表面来看，沙漠地区寸草不生，生态恶劣。但我们也要知道，沙漠也是地球生态系统中极为重要的一环，其功用不容忽视。在沙漠中有非常丰富的自然资源，如适应这种环境的动植物、石油、天然气等。沙漠还可以吸收大量的二氧化碳，防止它们进入大气层。沙漠也可以为相关的动植物提供营养，如灰尘、磷等。更重要的是，沙漠对整个生态系统的稳定发挥了重要作用，对黄土的形成也具有极为重要的意义。

从我国疆域内部的地貌分布来看，有一个非常重要的区域，就是黄土地带。很多人看不起土。土里土气、土不拉叽成为一种蔑指。但不论历史上还是现实中，土对我们来说都非常重要。这些黄土处于我们所说的黄土高原地带，大部分在第二级阶梯之中。黄土高原的东缘是太行山。由此往西，直至宁夏、甘肃、青海一带，南北包括河南、内蒙古的部分地区。

黄土对农业的发展意义重大，对文明的形成极为重要。它的颗粒疏松，透气性强，方便吸收水分，与那些容易漏水或板结的沙土、红土、盐碱地全然不同。夏秋雨季的水以及冬季的雪水在黄土中不会很快流失，为植物的生长提供了稳定的水分。因为黄土中储蓄了较多的水分，野草、植物根茎、剥落的花叶等也容易被土壤腐化，变成肥料。黄土中含有非常丰富的矿物质，如石英、碳酸钙、二氧化硅、氧化钙等，所以，黄土具有自己转化、积累肥料的"自肥"功能。由此来看，黄土是一种非常神奇的土壤，能让庄稼得到很好的生长。我们要知道，世界上并不是所有的地方都有这样的土壤。

黄土高原一带的气候也非常有特点。大致来说，这一带属于温带气候，不会太冷，也不会太热。夏秋季节雨水比较多，而冬春季节就比较干旱，年平均降雨量在400毫米以上，无霜期在120天以上。这些气候条件非常重要。如果太冷或者太热，都不利于植物生长。降雨量太大或太小也同样不利于植物生长。如果无霜期太短，植物的果实就难以成熟，就不会有理想的收成。比如草原地带，总体来说比较干冷，农业就不可能得到很好的发展。但是南方地区的气候条件明显不同。它的气温比较高，降雨量相对大，而且水系发达，多为水田，植物的生长期就比较短。北方地区一年种一季粮食，南方就可以种两季或三季。

我国有世界上最早且最发达的农业生产，这对文明的形成意义重大。农业之所以能够得到很好的发展，非常重要的一个原因就是我们的地理气候条件优越。正是在这"通天"的土地上，我们的祖先创造了人类最灿烂的文明。

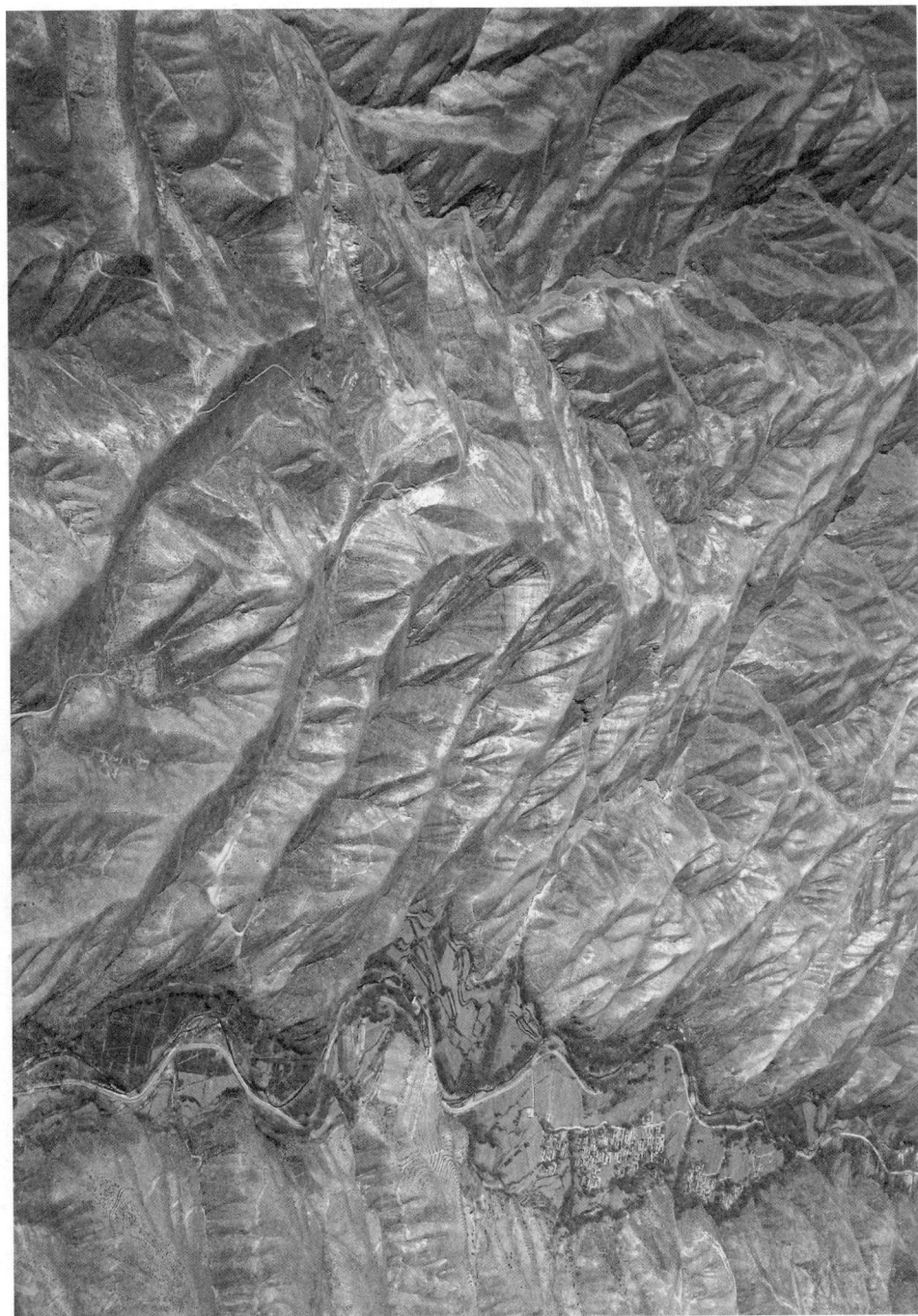

黄土高坡地貌

二、富饶之乡

不过，以上所说的只是我们祖国地貌的外在特征。除此之外，她还有这样一些特点。

我们首先要注意到的是我国地貌与生态的多样形态。除了我们经常说的高原、大山、河流、平原、草原、大海、盆地、沙漠之外，还有很多其他的地貌。如雪山、冰川、丘陵、土塬、草甸、峡谷等。在这多样的地貌中，生长着各种各样的植物与动物，以及深藏地底的矿物，如石油、煤炭、硝盐、铝矾土、各种金属与非金属等。有许多属于稀有的资源，如人们比较关注的稀土，是航天通信设备中离不开的材料，十分珍贵。但是世界上拥有稀土的地方却很少。

我国的海洋资源也非常丰富。不仅有各种各样的鱼类生物，还有许多海洋植物以及石油等自然资源。现在，人们又把目光投向太空，希望能够从太空中获取人类生产生活的资源。陆地与海洋，地面与太空，动物、植物与矿物，地貌与生态的多样性形成了一个相互补充、相互支撑的生态体系，维系着人类的生存与发展。

另一个非常重要的特点就是地理环境的呵护形态。在我国的西北部，有连绵不断的山脉，阻挡了来自西部的风沙，减缓了风沙对内陆地区的冲击，也阻挡了来自印度大陆的热气流，保护了雪山的自然形态，减少了水汽的蒸发，形成了可供内陆地区使用的水源。而在东南部，由于海洋的存在，不仅提供了丰富的海洋资源，也阻挡了来自其他地区势力的冲击。这种由高山、沙漠与海洋形成的四合之地，能够有效地呵护文明的生成与成长，减弱外来气候与文化的冲击，特别是在文明形成的幼年时期能够提供有效的呵护。

与此相应的是适度的开放形态。尽管四合之地有封闭的特点，但并不是绝对的封闭，而是在封闭中有开放。我国的西北部通过草原、峡谷，有通往中亚一带的通道。我国的北部在阴山、燕山之间，有通往内陆中原的通道。当航海技术得到进一步的发展之后，我国的东南沿海有通往东亚、东南亚，以及南亚一带的海路。历史上，诸如沿海的宁波、泉州、厦门、广州等城市，都与域外的国家、城市有非常密切的联系。所以，我国的地貌是一种封闭中的开放，开放中的封闭。简单说就是封而不闭，开而不放。适度的封闭，使内陆地区的文明得到了呵护；而适度的开放，又使文明能够不断地汲取到外来文化的补充。这是一种非常独特、非常理想，当然也是非常少有的地貌形态。

不过，我们需要知道的是，以上的这些描述是按照目前中国国家的主权边界进行的。历史上，由于各种原因，如地质演变、自然灾害、生态变化、战争与政权更迭等，中央政权控制管理的疆域会发生变化。在不同的历史时期，中央政权能够治理的疆域是不同的。如果从文明演变的角度来看的话，要从历史发展与变化的脉络中寻找其形成与发展的轨迹，不能局限于讨论行政管理所及的区域。但是，就中国发展的历史来看，其疆域的主体大致与今天的版图接近。或者说，尽管历史上中国的疆域一直在发生变化，但大致与今天中国的版图是接近的。

除了疆域的变化外，地貌也在发生变化。地质运动、洪水泛滥、河流改道、沙漠扩张或者收缩、森林的成长与覆灭、草原的扩展与退缩、海岸线的改变、雪山雪线的进退等都对地貌产生了极为重要的影响。比如，研究者研究认为，历史上的大陆是不断移动、碰撞、变形的几个板块，并不是现在的样子。曾经，青藏高原还是一个湖泊的世界。其中的羌塘古湖大概有今天的两个渤海那样大。而渤海的海岸线也不是现在的样子，而是延展至太行山东部。黄河也不是流入大海的。在很长的时期内，黄河是一条串联着众多湖泊的项链，汇聚在三门古湖之中，后来又流入了巨大的华北古湖之中。

这种幅员广阔、东低西高，地貌形态丰富、热带与温带气候为主，封而不闭、开而不放的特点，非常有利于文明的孕育与生成。在我们人类的家园——地球的演变中，各种物质不断作用，逐渐形成了由陆地、海洋组成的地表。又由于地球自身的运动，使陆地不断地聚合、分离，或抬升、隆起，或下降、沉陷。沧海桑田，时易势变。曾经的大海变成了高山，曾经的洼地逐渐抬升。高山成湖，湖水成田。在经历了漫长的地质运动后，地表逐渐稳定下来，形成今天的样子。

尽管从人类的时间来看，地球表面只是发生着极为缓慢的变动，但从宇宙太空来看，我们的地球家园却是一颗蓝色的星球，被大气层围裹。白色的飘云环绕其间，或浓或淡，或如飘絮，或似飞天。她典雅大气，自在从容，孕育着各种各样的生命。在这颗神奇的星球上，产生了众多的文明。迄今为止，地球是人类在宇宙中发现的唯一存在着智慧生命的星球。而最具活力与魅力、生命与韧性，从形成以来从未中断的文明，就是我们伟大的中华文明。

三、人类故土

我们的民族充满智慧与创造力，具有非凡的生命力。她从哪里来？这是一个非常重要的话题。

在文字还没有出现的时候，我们的先人依靠记忆口耳相传，述说着自己的历史。这其中有很多的想象，表达了当时人们的认知。在我们的远古神话，以及各地流传的史诗、传说中都记录了这样的历史。比如在湖北神农架一带，就流传着《黑暗传》等史诗。《黑暗传》记述了盘古开天辟地的创世神话，认为世界本来是一片混沌，万物幽暗不明，处于"黑暗"之中。"天地奥秘玄又玄。下至泉壤上九天，问混沌，说黑暗。或问日月怎团圆？黑暗混沌多少年？才有人苗出世间。玄黄老祖传混沌，混沌传盘古，九番洪水三开天。才有日月星光现。伏羲女娲传人烟，千秋万代往后传。"

在《黑暗传》中，人们认为世界的混沌黑暗状态是由"玄黄老祖"传下来的。这种状态非常漫长，不知经过了多少年后才出现了盘古。又不知经过了多少次大洪水，世界才成了现在的样子。这时又出现了我们的始祖伏羲与女娲。他们繁衍了人类，千秋万代绵延至今。这种描述与我们古籍的记载大致是一样的。类似的史诗还有蒙古族的《江格尔》、藏族的《格萨尔王传》、柯尔克孜族的《玛纳斯》等。它们多以说唱的形式为后人传颂。

科学家也做了长期的研究。一些人研究宇宙的形成、形态和它的运动变化。还有人研究人类形成、发展的历史。这都涉及很多的学科。从现在的划分来看，诸如天文学、人类学、古生物学、考古学、历史学，甚至语言学、社会学，以及遗传学等，林林总总，无所不包。梳理这些研究，大致来看，人类是由动物演化而成的。其中的关键是由猿到人的演变。

人们提到比较多的是一个叫法尤姆的地方，在北非埃及中部。研究人员在这一带发现了距今大约 3500 万年的灵长类动物化石。所谓"灵长类"动物，意思就是"众灵之长"，是众多的具有灵性的动物中最高级的动物。这些灵长类动物虽然还不是人，但不论生理特点还是情感方式都有了"类人"的特性。比如它们的脑颅比较大，有双眼立体视觉功能，视觉非常敏锐，还有辨别颜色的能力，四肢都长出了五个指头等。它们还有简单的群体组织系统，用声音或某种身体部位的动作来交流信息。其中的一类就演化为人。如果没有出现这种灵长类动物，也就不可能有人类的出现。因此，有人认为人类起源于非洲。

随着研究的不断深入，人们发现了更多的相关信息。在 21 世纪初，科学家在湖北发现了一具完整的早期灵长类动物骨架化石，大约存活于距今 5500 万年。另外，人们在缅甸也发现了好几具距今大约 4000 万年的灵长类动物化石。这些化石存在的年代都比非洲法尤姆灵长类动物化石早。这样的话，人类很可能也是起源于亚洲的。

在 20 世纪末，人们发现了一种被称为"曙猿"的动物化石。"曙猿"的学术含义是"类人猿亚目黎明时的曙光"。类人猿是灵长类动物中的一支，是在灵长类之下的一个"亚目"。我们可以这样来理解，曙猿就是刚刚演化出来的类人猿的意思。1985 年的时候，中国古人类学家林一璞、齐陶等对发现于江苏溧阳上黄镇水母山的动物化石进行了研究，认为这是大约距今 4500 万年的高等灵长类动物化石。人们把这种化石命名为"中华曙猿"。最新考古成果表明，我国是东方人类的故乡，同非洲并列人类起源最早之地。

1994 年，在山西垣曲盆地发现了生活在大约距今 4000 万年的曙猿化石，其于 1995 年被命名为"世纪曙猿"。曙猿在中国的分布比较广泛。仅在垣曲——渑池盆地一带就发现了数十种曙猿化石。在河南、云南、内蒙古等地也发现了曙猿化石。1997 年的时候，研究者在缅甸也发现了类人猿化石，将其命名为"邦塘巴黑尼亚猿"。它生活的时代与世纪曙猿相当，略晚于中华曙猿。这样，我们就可以看到，在亚洲的东部、南部、东南部、北部都存在着曙猿的活动。这些研究结果对人类起源于亚洲，或者说起源于中国有了进一步的实证。

不过我们要注意到，曙猿仍然是属于"猿"的范畴，还没有进化为人。但它与一般的猿不同，是"类人猿"。就是说它具有了更多的人的特征。随着时间的推移，这些灵长类动物进一步演化。在大约距今 1400 万年至 800 万年的时期内，出现了"腊玛古猿"。腊玛古猿在人类先祖的演化进程中具有非常重要的地位。恩格斯称其为"正在形成中的人"，是人类从猿中分化出来的第一个阶段。或者可以这样理解，腊玛古猿是动物中演化出人的最初现象。科学家在印度与巴基斯坦接壤的西瓦立克山区、巴基斯坦的波特瓦高原、土耳其的昌迪尔、肯尼亚的特南堡、匈牙利的鲁达班雅、希腊的比格洛斯等地都发现了这种腊玛古猿的化石。在我国云南的开元、禄丰等地也发现了腊玛古猿，并且还是完整的头骨化石。这些化石的发现进一步证明中国是人类起源的重要地区。

随着考古研究的不断深入，人们在各地发现了许多属于人类活动的重要遗迹。如在山西西侯度，人们就发现了这里存在着人类用火的遗迹。这是目前为止发现的最早的人类用火遗迹，距今约 243 万年。在云南元谋也发现了距今 170 万年左右的人类用火遗存，以及人类齿骨化石。在陕西蓝田一带，发现了多处人骨化石与用火遗存，大约距今 115 万年至 65 万年。在北京周口店发现了大约距今 70 万年的人骨化石群。这就是我们都知道的"北京人"。同时期的人骨化石在湖北的长阳、郧阳都有发现。在安徽和县、江苏南京的汤山还发现了距今大约 30 万年的人骨化石。其中有很多是人类头骨的化石。

科学家发现的其他人骨化石也有重要意义。如四川资阳的人类头骨化石、山西丁村的齿骨化石、山西许家窑的人骨化石、广东韶关曲江区马坝的人类头骨化石等。这些人类化石的发现证明在这一时期，中国南北各地均有人类的活动，填补了我国旧石器时代中期人类化石的空白，有力地证明了这一带是人类活动的重要区域。

广为人知的是北京周口店龙骨山山顶洞人的发现。1933 年至 1934年，当时中国地质调查所的裴文中先生主持了这次发掘。出土的遗存有石器、骨器，以及大量的动物化石。最重要的是发现了 8 具人骨化石。其中较完整的有 3 具。经过各种检测研究，科学家们认为这些化石大约活动于距今 3 万年的时期内，曾被认为是亚洲蒙古人种的祖先。这就是著名的山顶洞人。

关于非洲法尤姆灵长类动物化石所代表的动物是不是向人类的方向演化，我们还没有得到相关的研究结果。但是在中国发现的曙猿却是向人类方向进化的"类人猿"。从大约 4500 万年前的曙猿，到后来的各个进化环节，如腊玛古猿、旧石器中晚期的人骨化石，一直到距今 18000 年左右的山顶洞人，由动物向人演化的进程是非常明确的，在中国有比较完整的人类演化序列。

科学家还发现了这些化石表现出来的文化特征的一致性。如普遍存在的大三棱尖状器遍布我国的南北部。人骨化石的生理特征也具有一致性，如其中的铲形齿，是亚洲人种的典型标志。科学家曾对最靠近草原地带的许家窑遗址中的人骨化石进行检测鉴定，发现他们具有形成与演化的独立性，没有印欧人种的特征，但与北京人有亲缘关系。这也可以从一个侧面证明我们的祖国是极为重要的人类起源地。

中华大地是人类的温柔故土。

四、华夏之民

当我们知道自己的远祖在至少 4500 万年前的时候就开始了从动物向人的演化，想象他们曾经竟然是一些体积娇小、在树上居住的"猿"，应该是非常感慨的。自然造化真的非常神奇。它可以把灵巧娇小的动物演变成为具有非凡智慧与创造力的伟大的人！更让人感到奇特的是，我们的祖先并不是从其他地方迁移而来的，而是在自己的土地上生成、发展，并经过了数千万年的演化，经受了各种各样的考验，终于进化成为现在的我们。我们的细胞中有它们的基因，血液中有它们的成分，行为中有它们的遗传。

很可能在最早的时期，很多地方，包括亚洲、非洲都存在向人类演化的灵长类动物。但有的缺乏进一步进化的条件，导致进化停滞了。有的则比较幸运，一直在进化中，逐渐完成了由猿到人的整个演变过程。而我们就是这些在漫长的演化进程中极为幸运的部分。

人类出现后，我们的先祖一直在寻找适宜的生存地。在早期阶段，它们寻找的是方便采摘的地方。但是随着人口数量的增加，人类对自然资源的需求不断扩大，需要改变自己的生产方式才能满足生活的需要。如在采摘的基础上增加了渔猎，进一步又学会了种植。同时，不断地改进自己的生产工具。如石器工具由打制向磨制转化。这种转化也是新旧石器时代的分水岭。

渐渐地，人们又学会使用火，可以用火来烧制陶器，烧烤蒸煮食物。陶器的出现使人类能够把河边的水提到距河较远的地方。随后，人们又掌握了打井的技术，可以在距离河水更远的地方，比如山地中生活。不同的人群也由于各自的情况不同选择了不同的生存地。有的选择在地势比较平缓的平原、丘陵地带。这些地方更便于种植，就发展出了种植农业。而另一些人选择了居住在山中。这些地方便于狩猎。还有的人选择在河边、海边生活，方便打鱼。也有一些人向草原地带迁移，发展出了畜牧业。不同的人们尽管具有生产与文化上的同一性，但也表现出明显的差异性。

从总的趋向来看，不同地区的人们从南、北两个方向向黄河中下游汇集。在大约距今五六千年的时候，黄河中下游这一带是最适宜人类生存的地区。这里气候适宜，黄土深厚，河流众多，农耕成为最重要的生产方式。这些人们可能就是把花画在陶罐、陶盆上面的人，也就是"华人"。在炎帝部族与黄帝部族融合以后形成了更大的族群——华夏族群。他们主要从事农耕生产，并兼及畜牧、渔猎与工商。在他们的边缘地区——山区高地，仍然有很多从事畜牧的人群。这些人可能以放牧为主，兼有耕作。沿河沿海的人们，渔业成为其最重要的生产方式。而生活在草原地带的人们，主业逐渐由畜牧演化为游牧。

在最初的时候，有血缘关系的人群聚集在一起生活。但是这种社会组织人数少，力量弱，抵抗风险与灾害的能力差。慢慢地，他们逐渐形成由血缘关系相近的人群聚集起来的"族"。多个血缘关系相近的"族"聚集在一起，就形成了族群，或者部落。这时候，血缘关系仍然很重要，但血缘不是唯一的组织依据。更重要的是他们的生产方式，或者说由生产方式决定的生活方式与文化形态。这时，主要强调的是一种亲缘关系。人们根据生活地域的特点，或者从事的工作作为某一部族的名称。如华胥氏，就是指生活在开满鲜花的高地的部族，应该也是农业生产发展比较好的部族；神农氏，就是农业得到快速发展的部族；轩辕氏，就是最早制造使用车的部族，等等。此外诸如豢龙氏，是豢养"龙"，很可能是驯养鳄鱼的部族；有虞氏，就是管理山林动物的部族，等等。

随着劳动生产的发展，社会物质逐渐丰富起来，人们的生活得到了进一步的改善。相应地，这些地区的人口也就会增加。原来能够供养他们的资源显得紧张起来。于是，其中的一些人就会向其他的地区，主要是偏远地区迁移。在迁移过程中，他们会带着自己部族的名，或者原来生活地方的地名在新的地方留驻。比如华胥氏，很多地方如甘肃天水的成纪、陕西的蓝田、河南的淮阳等，都被认为是华胥氏的故地。这说明，这些地方至少是华胥氏部族的迁移留驻地。虽然这些人离开了故土，但仍然以华胥氏自称。再如神农氏，在山西高平、陕西宝鸡、湖北随州与神农架、湖南郴州等地都有传说，都被称为炎帝的故乡。实际上，这些地方都是炎帝神农氏的后人迁移的结果。

这种迁移也可能出现不一样的情况。那就是迁出的人们到了偏远地区，比较好地保留了原来的生产方式与生活形态。如他们穿的衣服、吃的饭，说的话，还有很多礼仪习俗性质的东西，都是从原来生活的地方带来的。这些东西经过很长的时期都没有发生明显的变化。但是，在他们原来生活的地方，由于生产条件比较好，发展比较快，往来的人也比较多，当地人的生产方式与生活习俗却发生了改变，反而与原来不太一样了。于是，当地人认为这里是正宗的，而迁出去的人却是"非正宗"的，成为"少数"。比如现在的苗族、黎族、羌族等，本来是生活在中原地区的，与汉族是同一族群，但是后来迁移到偏远的山区，渐渐地出现很多的差异，结果被视为"非华夏"族群。如果从其形成来看，这些民族与汉族之间有深刻的历史文化联系。

与之相反的还有另一种情况。一些学者认为，许多不在中原地区，也不一定从事农耕的族群，主要是北方的游牧族群，会进入中原，甚至会夺取中原政权，建立王朝。在他们来看，自己并不是"外来"政权，而是具有族群与文化双重意义上的正统性、传承性，是中原华夏政权的合情、合理、合法的延续。而且，他们在中原劳动生活，逐渐失去了原来的习惯以及文化特征，与中原一带的人们融为一体，成为华夏族群。中原文化像旋涡一样，把他们"吸"进了中原，并逐渐转化为农耕人群。

这样来看，在我国历史上关于"民族"的概念并不是绝对的。不同民族的区别也不仅是从血缘的角度来划分的，而是从文化的层面来认知的。有一种说法是，华夏则华夏之，夷狄则夷狄之。这里，华夏首先是族群概念，指在华夏地区，也就是中原农耕地带形成的族群。夷狄是指生活在中原之外偏远地区的族群。但这也是一种文化概念。华夏指中原农耕文化，是由农耕特点决定的发展比较先进的文化。夷狄则是指偏远地区的游牧渔猎文化。其中的夷，多生活在中原的东方；狄，多生活在中原之北。它们代表的是非农耕的文化。

但是，这种文化的分别并不是绝对的、固定的，而是相对的、变化的。华夏则华夏之，就是说不论是谁，只要进入华夏地区，认同华夏文化，他们就是华夏之人。反之，尽管你原来可能是华夏人，但你离开了华夏地区，来到夷狄地区，认同了夷狄的文化，那么你就是夷狄之人了。我们要注意这里所说的"认同"并不是一种主观态度，不是你愿不愿意、想不想认同的问题，而是一种潜移默化的、无意识的、自然而然的客观存在。就是你在什么地方生活，就自然会从事与此相应的劳动，逐渐融入这里的生活，成为这里的人民。它说的是一种客观必然性。

我们伟大的中华民族，是以从事农业生产为主的华夏族群为主体，同时又吸纳融合了很多从事游牧或渔猎的族群，形成的一个规模更庞大、地域更广泛、生产生活方式更多样的民族。这就是我们的中华民族。

读完后，请你用自己的话谈谈对以下知识点的理解。

7. 三级地貌

8. 部落

9. 黄土高原

第四章　从满天星斗到文明形成

农业和城市，如星星之火，闪射出文明的光芒。每一处遗址，都是人类智慧的结晶，是文明形成的印记。

上面谈了我们中华民族劳动生活的土地，以及我们的民族是怎么形成的。大家可能会说，怎么谈了半天还没有谈到文明？下面就谈谈我们的文明是在什么时候形成的。

一、农业的出现

我们知道，文明是人类劳动创造的结晶。不过，人类的形成非常漫长，经过了一个从动物向灵长类动物进化，然后再进一步进化为人的过程。在很长的时期内，人们依靠采摘与渔猎来获取食物。我们的先祖依靠采摘树上的果实，或者在河里抓鱼，在森林中捕获猎物来充饥。这种获取食物的方式存在很多问题。你不知道今天到底能摘下多少果子，捕获多少猎物。如果没有足够的食物，人们就会挨饿。严重的时候就会出现饿死人的现象。

但是，我们人类是智慧动物。在漫长的劳动中，我们发现有一些能够吃的植物果实是可以种植的。于是，先人们就开始研究怎样才能种植。当掌握了种植技术后，农业就得到了飞跃性的发展。因为人们可以在合适的土地上播种、收获，人类的主动性得到了质的提升，所以我们说种植农业的出现是人类的革命性进步。人们可以依靠自己的智慧、劳动来满足需求。这就使人类在遭遇自然灾害的时候有可能更好地应对。

在距今一万多年前，人类的种植农业出现，并得到了较好的发展。今天我们食用的农作物果实分别在不同的地区出现。如在底格里斯河、幼发拉底河两河流域，就出现了小麦，在恒河与印度河流域出现了棉花，在美洲出现了玉米与各种薯类植物。更重要的是，在我们国家出现了水稻与谷子等农作物。水稻类的农作物被我们称为稻作植物；谷子类的农作物就被我们称为粟作植物。

湘江流经湖南道县。这里的寿雁镇白石寨村有一个玉蟾岩。考古学家在玉蟾岩的洞穴时发现了古栽培稻的遗存，说明在这一带曾经存在着栽培与食用水稻的现象。这可能是世界上最早进行水稻栽培的实物遗存，证明我国是世界上稻作植物的原生地。

在差不多的时间内，江西万年县大源镇的仙人洞遗址中也发现了水稻腐烂形成的植物硅石，也可以证明在那一时期这一带已经有了水稻栽培的现象。在仙人洞遗址的附近，还发现了一处时间大致相同的遗址，被称为吊桶环遗址。其中也存在野生与栽培水稻的硅石遗存。这些考古发现说明，那一时期水稻的栽培是非常重要的生产方式。

在大约距今7000年的时期内，今天浙江余姚的河姆渡一带生活着已经进入新石器时代的河姆渡人。这里也发现了栽培稻谷的遗存，还发现了一件用藤条捆绑着木柄的骨耜。耜是耕地的工具。这说明那一时期已经有了耕作农业，那时的人们使用了当时较为先进的生产工具——耜。

山西沁水县在太行山的西部。在距离沁水县城西部大约 70 公里的下川村，发现了一处文化遗址。其中发现了多处火塘与多粒禾类植物种子。与农业生产有关的还有石磨盘。这说明，在距今一到两万年之前，生活在下川一带的人们已经有了最早的原始农业生产。

太行山东部的河北邯郸市武安县磁山发现了重要的考古遗存。这里有许多石制工具，如石磨、石棒、石铲、石斧等，证明在这一带存在以磨来加工食物的现象。最重要的是在这里还发现了储存粮食的窖穴，里面有大量的粟灰，堆积厚度在两米以上的就有十个。它们存在的时间大约为距今一万余年。这说明，在那一时期这里也存在着比较成熟的种植农业。

种植农业的出现使社会生产力得到了革命性进步。人们可以生产更多的食用物资。在满足了基本需求之后，还可以把多出来的种植果实储存起来，或是用来交换，以得到自己需要的物品。这样的话，人们就会有意识地多生产农作物以及其他器具，也就出现了最早的商业活动。

许多典籍中都记载了炎帝的历史功绩。如《易经》中就说炎帝"斫木为耜，揉木为耒"，就是说炎帝时代出现了"耒""耜"这两种耕地的工具。《逸周书》也记载了神农炎帝用耒耜来开垦荒地、种植五谷的事迹。《易经》中还有这样的记载，说神农以"日中为市，致天下之民，聚天下之货，交易而退，各得其所"。这就是说，在神农炎帝的时候，制定了日中为市的办法，让人们在正午的时候拿上自己的剩余物资相互交易，以得到自己需要的东西。这种商业现象的出现也是社会生产力得到发展的表现。

交易的结果不仅更好地满足了人们的生活需要，也使人们有更大的积极性来生产用于交换的产品。商业的出现有一个重要基础，就是人们有比较多的剩余产品。这些剩余产品可能是食物，也可能是器物。而器物的生产是伴随着手工业出现的。由此可以看出来，由于种植农业的出现，极大地提高了社会生产水平。人们有精力生产出更多的物资来交换，交换又激发了人的生产积极性。社会的生产活动能力在这样的循环中不断地得到了提高。

我们也要注意到，农业的发展也伴随着畜牧业的进步。在最早的时候，狩猎是我们先祖维持生存的重要手段。农业由采摘逐渐转化为种植是革命性的进步。而狩猎动物向驯化动物的转变也是革命性的进步。人类逐渐驯化了鸡、猪、狗、羊，以及后来的牛、马等大型动物，不仅增加了可食用资源，而且这些动物也成为人类重要的生产工具，有效地提高了劳动生产力。

二、城市的诞生

种植农业的出现，促进了商业的发展。商业的进步带来了手工业的兴盛。社会结构由原始、简单的形态向较为复杂的形态转化。这样，就需要有人对这种相对复杂的社会进行管理。管理者逐渐从日常的体力劳动中脱离，成为专业的管理人员。许多公共事务需要在一定的地方集中处理；交换贸易也需要有固定的场所；许多比较复杂的手工业劳动也需要集中技术人员在特定的场所完成。随着社会财富的增加，这些物资也需要更安全地进行保存。所有这一切变化，都需要把相关的人员集中起来。于是，人们的生活形态也发生了非常重要的变化，出现了能够聚集更多的人口、技术、财富的"城市"。

在考古研究中，我们可以把这种聚落看作城市的前身。在甘肃天水秦安的大地湾遗址中，考古学家发现了许多具有独特文化价值的遗存。特别是其中的聚落遗址延续了3000年左右，表现出时间与我们越近，建筑与设计水平越高的趋向。在这里，人们还发现了碳化的黍种，造型独特的彩陶、刻划符号、地画，以及绘画工具等非常特殊的遗存。这里的聚落村址有中心广场，房屋像扇面一样分布在广场周边。村子的周围还环绕着壕沟。后期还出现了会堂式的大型建筑，有类似于今天用水泥铺设的地面。这应该是世界上最古老的混凝土。

这种比较复杂的聚落虽然还不一定达到了城市的规模，但已经是一种接近城市的"类城市"现象。这种遗存在我国发现了很多。比如西安附近的姜寨遗址、半坡遗址等。

辽宁、内蒙古一带的红山文化遗存的年代为公元前3000～前2000年，出现了大量的陶器、玉器、石器。此外还有大型祭坛、女神庙、积石冢和"金字塔"式建筑。最引人注目的是在辽宁凌源市附近的牛河梁遗址发现了面涂红彩的泥塑女神头像，应该是以女神或女性为主的祭祀遗存。这一带还发现了大量的猪龙形环状玉饰。这些都说明，当时人们的思想观念中已经有了自己崇拜的神，就是女神与龙。这里也发现了环绕的壕沟，是城市建设中十分重要的建筑。但我们还不能说出现了城市。这些发现说明当时已经有了比较权威的管理与组织体系。研究者认为红山文化应该是东方文明的新曙光。

在大约距今5000多年的时候，真正的城市诞生了。

在河南巩义市的双槐树，人们发现了一处极为重要的遗址，大约距今5300年。这里有三重环壕围绕的大型聚落。在聚落内部，还发现了具有政治礼仪功能的北斗九星图案，很可能是当时古国首领祈祷的神圣之地，可能还具有观测天象的功能。在最里面的内壕沟中部有一道夯土城墙，其中还有类似瓮城的结构。由此可见，双槐树遗址已经形成了由壕环与城墙相结合的"城"的形态。此外，这里还发现了祭祀坛、制陶作坊，以及可能是经过设计的道路系统等。可以看到，双槐树遗址是一个古国的都城。其城市的布局、功能要表现得更为复杂完善。考古学家认为，这里可能就是"河洛古国"的遗址。

我国史前最辉煌的城市形成在大约距今5000年或更久远的时期。1936年，在今天的浙江杭州余杭区发现了著名的良渚遗址。在2019年的时候，良渚古城遗址被列入世界遗产名录。经过80多年坚持不懈的发掘研究，考古人员终于揭开了良渚古城惊人的面纱。

在城市的形制上，良渚古城是一个向心式的三重结构，以宫殿为中心，分为宫殿区、内城、外城三部分。宫殿区建在人工堆积的莫角山上，发现了房屋台基、沙土广场、王陵及贵族墓地，以及粮仓与池苑。这里储存的稻谷已经炭化，且数量庞大。特别要提到的是，整个莫角山是为了修筑宫殿由人工一次性堆积完成的山体。这应该是在古埃及金字塔之前全世界最大的单体建筑工程。宫殿区有八个水门，两两相对，形成一个井字形结构。

在宫殿区之外的内城范围是作坊区。考古人员发现了大量的玉料、燧石、玉钻芯、石钻芯，以及骨器、石器、漆木器等，说明在内城有很多不同的手工作坊。在良渚遗址还发现了大量玉器。其中的玉琮、玉璧、玉覆面等标志着我国早期玉器制作技术与文化含义的成熟。在陶器、玉器上还发现了许多刻划符号。其中一些已经被破解，是记载历史事件的文字。整个内城由圆角长方形的城墙环绕。良渚的外城并不是在内城的四周建立一座形制相似的城墙，而是分布着人工堆筑的高地，形成了城的形制。

令人惊叹的是在良渚古城外城之外的北面与西面，建有即使在今天看来也是非常庞大的水利系统，由两组水坝组成。其中的高坝有6条，低坝有5条，主要用来阻挡山上的洪水对古城的冲击，并具有运输、灌溉等功能。在近期的考古发掘中，又发现了更多的水坝遗址。在良渚古城的外城地区，还有祭坛与贵族墓地。其中的祭坛应该也兼有观测天象的功能。

良渚遗址出土的玉器

　　显然，在距今 5000 多年的历史时期，我国已经出现了良渚古城这样的结构复杂、功能齐备、建筑手法独特的城市，这是融合了当时人类的宇宙观、设计理念、建筑技术与社会管理体系、文化科技成果的杰作。

　　在这一时期或稍后，更多的古城陆续出现。在山西临汾襄汾县的陶寺遗址，经过 40 多年的发掘研究，人们发现了另一座同样辉煌的古代城市杰作——陶寺古城。这座古城的年代为公元前 2500 ~ 前 1900 年，由早期宫城、中期大城与中期小城三个部分构成。它的宫城处于大城的东北部，是一个城内套城的形制。在大城的东南部有一座小城，是城连城的形制。这种三城连套的城市形制也是非常独特的。

　　从整个古城的分布来看，大城内的宫城是最核心的区域。宫城四面有夯土城墙环绕，是一个长方形。在城墙的东南与东北有"半瓮城"的建筑。城的东南部有规模宏大的城阙式建筑，这应该是宫城的主门。宫城内还发现了宫殿式建筑，应该是当时行使权力、宣示政治的地方。此外还有水井、祭祀地、贵族居住区、池苑等设施。

　　在宫城之外的大城中，有下层贵族的居住区、普通居民居住区、仓储区以及手工业作坊区等。在小城中有墓葬祭祀区以及最令人瞩目的天文观象台。陶寺古城的墓葬有明显的等级区别，大致可分为王级大墓、贵族墓葬与普通墓葬。其中发现了大量的各类器物，如石器、陶器、玉器、漆器、青铜器、礼乐器等。由土鼓、鼍鼓、石磬组成的成套礼乐器显示当时的礼乐制度已经非常完备。此外还有铜铃、陶埙等乐器。最引人注目的是若干彩绘陶盘，上面以抽象的笔法描绘了龙的图像。在一件扁壶上还有软笔书写的文字。

　　陶寺古城观象台遗址的发掘是极为重要的考古收获。它不仅是目前发现的世界上最早的天文观测设施，也是极具科学性与建筑设计内涵的古代天文研究设施。陶寺观象台由观测点、观测柱与观测对象——或被称为塔儿山，也就是历史上非常著名的崇山三部分构成。

其中的观测点被认为是可以与上天相通的"地中",是当时观测天象的标准地。

陶寺古观象台观测柱由 13 根立柱组成,形成了 12 道观测缝,以扇面的形式依次展开。观测人员在观测点透过观测缝来观测太阳的变化。人们在长期的实践中发现,太阳从崇山的某个山形中升起,光线正好投射在某个柱缝当中,就是相应的季节。这种依据自然形态形成的三点一线的观测方法在当时是非常先进的。陶寺时期的人们已经认为一年有 366 天,掌握了夏至、冬至等二十个节气。这对农业生产来说是非常重要的。

尽管目前我们还不知道是谁在良渚建都,但研究者认为陶寺都城大致与尧都平阳的历史对应。它主要反映了尧舜时期与夏早期的历史。在良渚与陶寺之后,还有很多十分重要的城市被考古学家发现。如陕西的石峁遗址、山西兴县的碧村遗址、河南的二里头遗址、四川的三星堆遗址等。

显而易见,良渚古城与陶寺古城不仅表现出远古中华城市形态的成熟,而且也表现出当时中华文化非凡的进步与辉煌。

首先是城市形制表现出极为成熟的形态,极具代表性。良渚是"水陆并存"的城市。在三城相环的格局中分布着人工规划出来的水网形态与城市水利系统。这在人类历史上是很少见到的。陶寺是三城相连相套的格局。特别是在宫城的设计上体现出了我国都城设计理念的初期形态。

其次是社会生产力高度发达。良渚是以稻作为主的农业生产,陶寺则是以粟作为主的农业生产。很可能在这一时期小麦已经传入我国,丰富了农业的种植种类。很多人认为陶寺的彩陶龙盘中龙口所衔植物就是麦穗。它们还有非常高超的手工业生产技术。特别是良渚的水利系统、堆土建筑、制玉艺术,陶寺的大型夯土建筑、以观象台为主的天文观测系统，以及早期青铜器的存在等反映出当时科学技术的先进性。

再次是社会组织体系更加完善。大型都市的管理、社会体系的治理，已经形成了基本的体系。这一点我们从《尚书》等古籍的记载中可以看出来。这一时期出现了负责不同事务的官员，在其之上还有总领各项事务的"王"。社会分工也非常明显。除管理者外，还有高级贵族、普通贵族、手工业从业人员，以及从事农业生产的人群等。那些负责天文、水利事务的科学家很可能也属于贵族的行列，或者是负责祭祀的人员。

总体来看，这些古城对周边的地区，包括周边的其他城市有很大的影响力或控制力。它们并不是简单的"古城"，而是有相应控制力的权力中心城市，是"王"所在的城市，即"都城"。在这样的文化形态中，城市已经成为"国家"的象征。其他大致相近的文化现象也很多。著名考古学家苏秉琦先生就指出，这一时期文明的火花到处闪烁，如满天星斗。而良渚与陶寺已经是非常典型的文明形态了。由此来看，我们中华文明大致在公元前3000年左右，也就是距今5000年左右的时期内形成，是有坚实的考古实证的。

三、文明的形成

远古时期的国家人口规模比较小，城市设施相对简单，社会管理体系也相对初级。一个"国家"可能有一个或多个城市。它们围绕中心城市，也就是"王"所在的都城共同劳动、共同生活，形成一定的经济、政治与文化认同。而在众多的"国家"中，那个最具影响力、号召力的国家可能会对周边的国家有制约、协调、统领的作用。这个国家的王就成为这些国家的"共主"。共主所在的城市就成为他们的都城。这个国家也就成为中心国家。所谓"帝王之都为中国"就是这个意思。"中国"的最初含义就是指这样的国家。这里的"中国"与作为主权国家的现代中国有很大的区别。它指的是能够统领众多国家的中心国家，是国中之国。

如果说得具体一点，就文明的出现而言，我们主要考虑这样几个方面。一是生产发展，人口增加，出现城市；二是社会分工，阶层分化，出现阶级；三是出现王权和国家。这是关于进入文明社会标准的"中国方案"，具有分析衡量文明形成标准的普遍性意义。它更关注的是社会发展进步的整体性，而不仅是某种器物所表现出来的生产力水平。

从比较流行的器物性标准来看，主要有这样几个方面。一是出现了城市，二是出现了重要的祭祀地，三是出现了文字，四是出现了青铜器。这四个方面如果有两个存在就可以判定某一社会是不是进入了文明阶段。这种器物性的判定标准注重具体的物质载体，但忽略了整个社会的发展水平。同时，由于各地所处的自然与社会条件不同，就会出现各自的特点。如中美洲的玛雅文明就没有掌握青铜冶炼技术；南美洲的古印加文明到目前为止还没有发现文字；印度河流域的哈拉帕文明中的印章图案也没有被认定为文字，等等。这就是说，如果单纯以某几个器物的存在作为认定文明的标准还是存在很多问题的，不具备普遍性。

我们发现，良渚文化与陶寺文化无论是从社会的整体发展形态还是具体的器物形态看，都是符合判定文明的标准的。良渚与陶寺都是典型的都城，面积都比较大。良渚遗址有290万平方米左右，陶寺遗址有300万平方米左右。这两处遗址也存在大型的祭祀中心。良渚有包括莫角山、反山等地的祭祀台，陶寺发现的观象台也具有祭祀与政教功能。在良渚与陶寺都发现了文字。良渚陶器与玉器上面的刻划符号大约有600多个，其中的一些已经破译。陶寺的一件扁壶上面发现了软笔朱书的成熟文字。一个为"文",另一个可能是"尧",其含义应该是对尧的赞颂。在陶寺发现了青铜器群。除铜铃外,还有铜齿轮、铜璧形器,应该是与观测天象有关的仪器。另外还有铜环、铜蛙、铜盆残片等。其中的铜铃与铜盆被认定为开启了东亚大陆复合范文化传统的先河。

在良渚遗址中还没有发现典型的青铜器。不过,我们更应该注意到的是良渚存在着数量众多的玉器,如玉琮、玉璧、玉钺等。这些玉器显然具有礼仪性质与文化标识的意义。在当时的生产力水平条件下,制作这些玉器需要极为精细的工艺与相应的工具。这些玉器蕴含的文化意义也得到了广泛传播。如在陶寺遗址中也发现了大量的玉器。其制作工艺、文化理念均与良渚文化中的玉器一脉相承,明显受到良渚文化的影响。

通过这些分析,我们可以断定,在距今大约5000年的时候,良渚地区已经进入了文明时代,是中华文明形成最典型的实证。之后,距今大约4300年,陶寺地区也进入了文明时代,是中华文明进一步发展的标志。文明之光在古老的中华大地上冉冉而升,照亮了我们先祖前行的道路。人类由此出现了一个唯一没有中断的文明形态。这一文明形态,不断吸纳融合,日日而新,历经劫难而不死,创新转化而新生。直至今天,其仍然闪射着瑰丽迷人的人类文明之光。

在丰厚而璀璨的中华大地上,文明开始了。她生生不息。

读完后,请你用自己的话谈谈对以下知识点的理解。

10. 良渚文化

11. 陶寺文化

12. 判断文明形成的中国方案标准

第五章　历史长河中的中华文明（上）

　　从三皇五帝的动人传说到夏商周三代的遗迹可考，又历经秦汉统一与三国两晋南北朝分裂的更迭，中华文明的序曲一路高歌。

　　在距今大约 5000 年的时期，中华大地进入了文明时代。从此之后，中华文明连绵不断，日日生辉，源远流长。有一个顺口溜，大致反映了她的发展历程。

　　　　三皇五帝始，尧舜禹相传。

　　　　夏商与西周，东周分两段。

　　　　春秋与战国，一统秦两汉。

　　　　三国魏蜀吴，西东两晋连。

　　　　南北朝并立，隋唐五代传。

　　　　宋辽金西夏，蒙元明清变。

　　下面就简单谈一下我们国家在不同历史时期的文化贡献。

一、人文先祖：三皇与五帝

大家都知道盘古的故事。他是我们中华民族的创世之神。据说盘古在像蛋壳一样的混沌中沉睡，不知道睡了多长时间。有的说是一万八千年。盘古醒来后，使清气上升变成了天，浊气下降变成了地。天每日升高一丈，地也每天增厚一丈。盘古也随着天地的变化每天生长一丈。又过了一万八千年后，天高到非常高的高度，地也变得非常厚，盘古也变得非常长。这使他十分疲惫，终于劳累身亡。盘古去世后，他的气息化成了风云，声音化成了雷霆，左眼化成了太阳，右眼化成了月亮，四肢五体化成了四极五岳，血液化成了江河，脉络化成了地理，肌肉化成了土地，头发胡须化成了星辰，皮肤绒毛化成了花草树木，牙齿骨骼化成了金石矿藏，骨髓精华化成了珠宝玉石，身上流的汗水化成了雨水，身体中的微生物化成了黎民百姓。在盘古的努力下，世界万物终于形成。这就是我们民族的创世传说。在这样的传说中，反映了我们的先祖对宇宙世界原始质朴的想象，对人类万物由来的思考。

盘古创世之后，中华先祖中出现了很多做出重要贡献的人物。其中的有巢氏、燧人氏最具影响力。有巢氏时代，人们不再天当被地当床，开始有了自己居住的"家"。这很可能对应着人类最早的穴居时代，就是在洞穴中居住。也可能有人住到了树上，能够修建类似于今天"杆栏式"建筑的房子。原始居住形式的出现应该是有巢氏时期人类最重要的进步。燧人氏时代，人类开始掌握并使用火。火的使用让人类走出了茹毛饮血的状态，能够根据自己的需要生火用火，煮制熟食。根据考古研究，在山西芮城的西侯度发现了大约距今243万年的人类用火遗存。在此之后，历史逐渐清晰。在文字还不能普遍使用的远古时期，流传下来了"三皇五帝"的传说。

关于三皇五帝，在不同的典籍中有不同的记载。这里我们只谈一下传播比较广泛的一种。三皇指的是伏羲、女娲、神农；五帝是指黄帝、颛顼、帝喾、唐尧、虞舜。可以看出来，这里说的"皇"是指比"帝"要早的先祖人物。在神话与传说中，他们与盘古一样，被赋予了神的品格。

前文提到的伏羲是中华民族的人文初祖。他的时代是中华人文初创的时代。伏羲教民渔猎，就是捕鱼狩猎，并驯养野兽。他还变革婚俗，使血缘婚向族外婚转变。伏羲时代另一个重要贡献就是开始创造文字，改变了人类结绳记事的原始记录形态。同时，他还发明了陶埙、琴、瑟等乐器，创作了乐曲歌谣。同时，伏羲时代把统领的地域进行了划分，任命官员来管理。各地人民拥戴伏羲，使不同地域的人们能够凝聚起来，形成了华夏族群最初的形态。

伏羲还考察万物存在的运行规律，制定了八卦，奠定了中华文化的基本理念与方法论。在此基础上，他抽象地概括出宇宙自然存在的根本样式——太极，并用"一"来模拟太极。这里说的"极"大致可以理解为"端"。比如通常说"南极""北极"，就说的是地球的最南端、最北端。而"太极"中的"太"，就是大，应该指的是宇宙最大的"极"，也就是宇宙本身。宇宙本身是什么样子呢？伏羲认为，可以把宇宙抽象概括为"一"。就是说，宇宙是一个整体，可以用"一"来概括宇宙自然存在的根本。这就是我们所说的"一画开天"，这一说法使人们知道了自己生存的宇宙空间中，除了有脚下的地之外，还有更具威力与决定性的头顶的"天"。后人认为，正是因为伏羲一画开天，才有人文的肇始。这里面就包含着我们的远祖对宇宙自然最根本的认知。

女娲最重要的功绩，一是采石补天，二是团土造人。传说有一位大神叫共工。他触折天柱，使天塌了一角，暴雨倾盆，洪水泛滥。女娲就用五色石把漏了的天补了起来，使大地水平土覆，人民能够休养生息。之后，她用黄土造人，使人类能够繁衍。她与伏羲都是中华民族的创世之祖。如果说盘古开天辟地，演化天地万物的话，伏羲与女娲则是平治水土、繁衍人类、创造人文的始祖。

神农也叫炎帝，是中华民族先祖中做出关键性贡献的人物。相对于前面介绍的创世始祖、人文始祖而言，他的事迹更具真实性。神农炎帝大约生活在距今 6000 年至 5000 年期间。他最重要的贡献是推动了中华农业的进步。正是神农炎帝不断地研究、实践，人们才知道了什么样的植物可以播种，什么果实可以供人们食用。按照传说，在他的时代，中华农业全面完成了从采摘向种植的转化，农业发生了革命性的进步。炎帝另一个非常重要的贡献就是对医药的研究。他亲尝百草，试用药石，终于使人们知道了什么样的植物可以作为药草，使人的健康状况得到了根本性改善，人们拥有了自己生命的主导能力。炎帝还组建了用来交易的市场，他让人们在日中时刻拿上剩余的食物、器具进行交换，这是最早的商业活动。

伏羲、女娲、神农就是我们通常所说的三皇。

三皇之后是五帝。五帝分别是黄帝、颛顼、帝喾、唐尧、虞舜。到黄帝时，社会生产得到了较大发展。特别是炎帝部族与黄帝部族融合形成了炎黄联盟，奠定了华夏族群的整体格局。这是炎黄二帝对中华文明最重要的贡献。此外，黄帝时代的贡献还有以下几个方面。

一是完善社会管理体系。《史记》中就介绍说他设置了天、地、神、民、类物五种官员，被称为"五官"。此外，还有负责农业、法律、礼乐等若干事务的官员。

二是出现了很多非常重要的发明。在天文历法方面，黄帝命羲和占日，常仪占月，臾区占星气，伶伦造律吕，大挠作甲子，隶首作算数，由容成在他们研究的基础上制定了历法。这可能是中华历史上最早的历法。在衣食住行方面，出现了养蚕造丝业。据说黄帝的元妃西陵氏，也就是嫘祖，是丝织业的发明者。这一时期，人们开始用丝绸制作衣服鞋帽，能够挖掘水井，在地面修筑宫室，会使用船与车。此外，还出现了弓箭、鼓、指南车等。最重要的是，黄帝的史官仓颉创造了文字。

黄帝之后比较有影响的"帝"是颛顼与帝喾。颛顼是黄帝的孙子，昌义的儿子。因为他被封于高阳，所以又称高阳氏。少昊去世后由他主政。颛顼最重要的成就有以下几点。

首先是对礼乐制度的完善。颛顼让一个名叫飞龙的音乐家根据自然界的声音，效八风之音，创作了乐曲《承云》来祭祀上天。他还特别强调男女有别，禁止血缘婚姻，制定伦理纲常，出现了现在意义上的家庭。

其次是"绝地天通"，进行祭祀改革。当时人们普遍信奉巫术，靠占卜决定事务，每个人都能够以祭祀的方法来"通天"，认为自己的思想行为是体现天意的。这导致社会私欲膨胀，纷争不断。颛顼禁绝了这种现象，只允许人们诚心祭祀祖宗天地，不允许人们随便打着天意的旗号获取私利。他任命名叫重的官员负责祭天；又任命名叫黎的官员负责百姓万事，抚慰民众，劝导生产，遵循自然规律。这些举措恢复了社会的正常秩序，增强了各地民众的向心力，为后世中华民族的文化认同奠定了基础。

颛顼去世后，辅佐他的侄子帝喾，也就是高辛氏，继承了王位。关于帝喾在历史上有什么贡献，史籍中记载较少，大多只是笼统地说他德行高尚，才智超人，关爱人民，有非常高的威望。他最重要的贡献是生了几个非常杰出的儿子。其中的长子是挚，在帝喾去世后继承了帝位。但挚的德行才智都比较差，在位九年，政绩不突出，让位于自己的弟弟放勋。放勋就是后来的尧，也是帝喾的儿子。帝喾的儿子中还有契，是商人的先祖。另一位是弃，被后人视为农神，是周人的先祖。由此也能够反映出帝喾对历史的贡献。

五帝中的另两位就是唐尧与虞舜。尧舜常常并称，人们也往往把他们看作是同一时代的人。

尧在平阳，也就是今天的临汾建都。尧最重要的政绩首先体现在"协和万邦"上面。在尧主政的时期，由于其仁如天，其知如神，能够使九族亲睦，百姓安乐，终于"协和万邦"，建立了使各邦国团结一致、共生共存的社会体系，开创了"协和时代"。其次是对天文学的研究。他让当时负责观测天象的官员羲氏、和氏在东南西北四个方位上测量太阳的升起降落与运行的规律，主持制定了当时世界上最先进的历法，并及时把这些研究结果告诉各地民众，使人们能够按照自然节气的变化来安排生产，确保不误农时。这就是典籍中记载的"敬授民时"。这是人类天文学的革命性进步，更是社会治理的极大进步。再次是进一步完善了社会治理体系。尧设置了负责各种事务的官员。比如在尧时就设有"四岳""十二牧"，分别负责不同的事务。然后是广纳民意。尧非常注重了解老百姓的意见。他在宫廷门前设立了"诽谤之木""敢谏之鼓"，让老百姓对国家事务提出意见。这里的"诽谤"不是无由故地诋毁诬陷的意思，而是提出批评建议的意思。这种在宫门前立诽谤之木的礼制逐渐演变为今天我们能够见到的"华表"。而设"敢谏之鼓"也一直影响了历代的治理观念。我们经常在电视剧里看到有人在官衙门口击鼓鸣冤，这种传统就是尧时流传下来的。最后是完善了禅让制度。尧把自己的帝位传给了舜，而不是自己的儿子丹朱。这在中国治理史上是一个伟大的创举。也说明在那一时期，天下不是某一人某一家的天下，而是天下人的天下。

据说，舜的眼睛内有两个瞳仁。舜出身于没落的贵族之家，到他的父亲时家庭状况已经非常不好。从典籍中对他的介绍来看，舜从小就过着比较艰苦的生活，从事各种体力劳动。但是舜有高尚的品格、高远的志向。他以德孝赢得了当时人们的敬重，被选拔到宫中。他在经过了各种考验、锻炼之后开始摄政，辅佐尧来管理国家事务。继位之后，舜在蒲坂建都，继承了尧的理念，进一步完善了国家的治理体系。他任用高阳氏颛顼的后人为"八恺"，高辛氏帝喾的后人为"八元"，让他们管理山川大地与农业生产，在各地推行礼乐教化。他还任命禹来治理洪水，平定三苗的叛乱，把作乱的"四凶"驱逐到偏僻荒凉的地方，使社会秩序进一步完善，生产力得到了发展。后来，他把帝位也禅让给了禹。

二、文明轴心：夏商周三代

在"三皇""五帝"之后，我国开始了有明确朝代记载的历史。目前来看，中国历史上建立的第一个王朝应该是夏朝。夏朝的开创者是禹。但禹并不是夏朝的第一个王。在很多的著作中，往往把尧舜禹并列，统称为"三代"。其中最重要的原因就是他们有共同的经历。尧禅位于舜，舜又禅位于禹。

禹是尧舜时最重要、贡献最突出的大臣。他受命治理洪水十三年，在稷与益的协助下，终于疏通了黄河，把济水、漯水引导到大海，把汝水、汉水打开缺口，引导水流，淮水、泗水通到长江之中，使洪水不再泛滥，人民安居乐业。在治水的过程中，禹的足迹遍布华夏各地。他根据各地的土地、物产、交通，划定了九州，制定了五服，使华夏的地理空间进一步统一、明确，治理体系进一步完善。之后，他又平定了三苗，维护了华夏的统一。据说禹非常重视音乐的作用，用乐器辅助施政。他在家门口悬挂着钟、鼓、铎、磬，放置着鼗，也就是拨浪鼓等五种乐器，目的在于吸引天下有用之人，为他出谋划策，改正不足。

禹的功绩受到了舜及天下人民的称赞。舜禅位于禹，建都于安邑。人民称他为"大禹"。但是大禹在位时间不长就在巡行南方的途中去世了。他曾想禅位于皋陶，但皋陶竟在他的生前就去世了。后来他又让伯益摄政。由于伯益主持事务的时间太短，还没有来得及在人民中间建立威望，禹就去世了。人民非常感念大禹的功业，就拥戴他的儿子启继位。由此也揭开了夏朝的大幕。

在尧、舜、禹三位先贤的身上，闪耀着中华民族最基本也是最重要的精神品格。他们都敬天爱民，胸怀天下，做事兢兢业业，克勤克俭，任劳任怨，功业至伟。他们简朴节欲，虚怀若谷，视民为天，从不谋求个人的利益，从不贪图享乐，受到了人民的拥戴。他们有顽强拼搏、自励自强的精神，能够克服一切困难为国为民，使国家得到了巩固，社会得到了发展，人民安居乐业。他们的人格成为中华民族人格形态的榜样，他们的时代也造就了中华历史上最具理想意义的时代。

夏朝是我们国家历史纪年中出现的第一个朝代。根据国家夏商周断代工程研究的结果，认为夏朝存续于公元前 2070 年至公元前 1600 年。夏朝的统治者曾经从今天山西南部向河南一带迁徙，都城有过多次变动。目前发现的最重要的都城是河南偃师二里头遗址。夏朝控制与影响的区域超越了尧、舜、禹三代，由中原腹地，也就是晋南、关中与豫西向晋中、晋北、陕西以及河南、河北、山东等相邻地区拓展。在中华历史的发展中，不论从政治、地域，还是文化的角度来看，夏朝的意义十分重要。

首先，从夏开始，中国王权的更替不再是天下意义上的禅让制，而是转变为血缘意义上的家族制。这种替代方式一直延续了三四千年，直至辛亥革命推翻清朝的统治后才改变为现代意义上的选举制。

其次，夏具有文化上的正统意义。夏是华夏之地、华夏之民的标志，是承尧舜之后，由禹建立的王朝。禹上承尧舜，下开夏朝，是由尧舜这个"协和万邦"的正统体系中延续下来的。因此夏朝也就是代表中华文化及其政权正统性的政权。不论是商或者是周，都强调自己是夏的延续。在我国漫长的历史中，夏朝形成的核心区域，也就是人们所说的中原地区为正统的文化追求一直存在着，对后世的影响十分深刻。

再次，夏时社会经济得到了进一步的发展。虽然目前还缺少更多的史料记载，但从存留史籍的记录与考古发现可以了解到许多夏的情况。如当时的天文学有重要的突破。传为夏时所作的《夏小正》也记载了不同时节自然气候的变化以及人们的劳动情况。在山西运城夏县的东下冯遗址中发现了陶器、石器、洞穴式房址以及青铜器、水井等遗迹，是与二里头文化面貌基本一致的文化现象。夏朝的城市建设也表现出突出的进步。在二里头遗址中出现了形制庞大的宫城、中轴线等。

最后，是存留了十分珍贵的文化典籍。学术界一般认为，目前还没有发现夏朝留下来文献实物。但是根据史料记载，夏时的文艺礼乐是非常兴盛的。如大禹命皋陶创作的乐舞《夏籥》，大禹妻子涂山氏创作的《候人歌》等都是我们民族早期的乐舞与诗歌。传为大禹所作的《禹贡》《禹刑》，佚名的《夏小正》等都是我国历史上非常重要的典籍。这些著作虽然多经后人修订重撰，但离不开夏人的基础。

尽管夏朝在我国历史上具有非常重要的地位，但传至夏的最后一位王，也就是夏桀时，被商所取代。商的先祖是契，也就是传说中尧同父异母的兄弟，曾担任过负责伦理德教的司徒，还协助大禹治水。由此来看，契这一族群也应该是属于尧舜正统的。他们可能先在今天的晋南一带活动，后来主要沿漳河流域迁徙，在漳河之东部、南部有广泛的影响，并被封在商这个地方。到了汤时，商的力量逐渐强大，而夏却日渐衰落。特别是夏桀荒淫无度，耽于享乐，国事荒靡，人民不堪其乱。汤召集众诸侯在鸣条山一带打败了夏。至此，商作为一个王朝出现了。商王朝存在了不到 600 年，它的都城也是屡屡迁徙。至盘庚时迁到了殷这个地方，也就是今天的河南安阳一带。所以人们也常常殷商并说，或殷商互指。商在我国历史上也占有极为重要的地位。主要体现在以下几个方面。

一是在殷商时期，文化得到了进一步的发展。比如在殷墟中发现了大量的甲骨文。这些文字记载了包括殷商及其之前的许多重要的历史事件，使我们能够亲见 3000 多年前先人记录的文字与史料。从我国文字的发展来看，甲骨文是目前考古发现的使用最早的文字系统遗存，标志着汉字进入了广泛使用的时代。

二是科技得到了快速的发展。特别是青铜冶炼铸造技术最具代表性。而青铜器的大量出现与采矿业、冶炼业、工艺设计与制作等技术的进步是分不开的。在农业生产方面，人工翻地、焚烧施肥以及人工肥料的使用已经非常普遍。在天文学方面，在殷商甲骨文的卜辞中有很多关于日食、月食的记载。在医学方面，当时的人们已经能够用针灸来治病。交通运输也有很大的改善，促使商业贸易得到了较大的发展。

三是在祭祀礼乐方面有独特的贡献。殷商时期，不论是君王或者是普通民众都非常重视祭祀。在他们的心目中有一个非常神秘的能够决定人的行为与命运的"天"。各种事务的决定都要借助祭祀以通达上天，以至于一年之中的大部分时间都要举行这样的活动。这种现象对整个社会的发展进步产生了阻碍。但其礼乐制度对后世，特别是周的影响比较大。

考古学家发现了许多非常重要的殷商遗址。如殷墟、妇好墓、东下冯商城、盘龙城商城等，这些遗址都揭示了商代社会的面貌。特别是甲骨文以及青铜器铭文等对殷商时期的历史文化有很多记载。后人说殷商"有典有册"，就是说殷商时期文字记载比较多，使人们能够了解当时的社会状况。

商之后的朝代是周。周是一个具有分水岭意义的时代。这一时期，我们的中华文明由古典形态蜕变升华为传统形态，具有了更强的发展活力与生命韧性。

周人的先祖就是尧舜时期的弃。据说弃也是尧同父异母的兄弟。他曾担任农官，负责当时的农业生产。史籍记载，弃还是一个孩子的时候就非常喜好种植，特别是善于"相地"，知道什么样的地适合种什么样的庄稼。他还会选种，知道什么种子能够长得好。由于弃长于农业，教民稼穑，被人们尊称为农神、后稷。后来，弃这一系从尧舜的中心地带晋南翻过吕梁山迁徙至西北部，又迁返到今天的关中一带定居。周人自称为夏人，在黄河西岸发展。殷商末期，商纣王无道，周克商而代之。历史拉开了新的一幕。

周的都城在今天的西安附近，当时叫镐城。后来被申氏伙同戎人攻陷，都城就迁到了今天的洛阳，当时叫洛邑。镐城，也就是今天的西安，被称为宗周；洛邑，也就是今天的洛阳，也叫成周。人们把都城在镐城时期的周称为西周，迁往洛邑后的周称为东周。东周又以"三家分晋"为标志，分为春秋与战国两个时期。西、东周两个时期共计791年的时间。周朝建立之后，励精图治，改革创新，出现了飞跃式的发展，对之后两千多年来国家体系的建设影响极大。

青铜器——编钟

青铜器——鼎

一是社会管理方面实行分土封侯制。建立了以分封为主的社会管理体系，对王室重要成员、有功之臣以及殷商旧族与先王贵族进行分封，形成王室以"封"的形式决定诸侯权力的治理机制。王室的主导地位得到了空前的强化。

二是权位继承方面实行宗法制。通过嫡长子继承解决了宗室内部权力更替混乱，权力继承无序的问题，保证了政权的稳定性。

三是社会事务方面完善了礼乐制度。礼乐制度在周时形成了全方位的体系，使社会秩序更为有序，人的素质得到提升。

四是社会生产方面出现了飞跃。形成了以精耕细作为代表的农业生产方式与"井田制"为代表的基层治理体系。手工业、商业贸易、金融业、天文学、冶炼技术、交通运输等出现了全方位的快速发展。特别是青铜器具的冶炼、铁制工具的普遍使用，标志着生产力的快速发展，生产工具得到了革命性变革。

五是文化艺术领域进入全盛期。文字的使用进一步普及，书写工具发生了重大变化。各种典籍喷涌而现。被后人尊为经典的《易经》《道德经》《黄帝内经》《尚书》《礼记》等先后出现。《春秋》《左传》《战国策》《国语》等历史著作产生重要影响。以老子、庄子、孔子、孟子、墨子、韩非子等为代表的诸子百家是人类轴心时代的重要成就。文学艺术空前繁荣，《诗经》《楚辞》等文学作品层出不穷。

六是变法图新促进了生产力的解放。春秋战国时期，各诸侯国纷纷变法，国家实力不断增强。春秋五霸，战国七雄，竞相发展，终于由秦国统一了其他诸侯国，形成了国家的大一统形态。

周的时代是一个中华文化发生大变革、大转型的时代，也是中华文明跨越文明瓶颈实现转型蜕变的时代。同时，周也是奠定中华文明传统形态基本范式的时代。

三、统一与分裂：秦汉魏晋与南北朝

作为诸侯的秦统一中国，建立了秦朝。从公元前 221 年至公元前 207 年，只有短短的 14 年时间。但秦对中国传统社会基本形态的形成贡献颇巨。首先是在统一的基础上实行郡县制，不再采用分封制，由中央政府对各地方郡县任命，形成了新的社会治理模式。这也是之后中国两千余年最主要的治理模式。其次是统一了文字、度量衡、道路标准，加强了各地之间经济文化的交流，巩固了中国的大一统形态。再次是广修驰道，筑建长城，加强社会基础建设，使军事防御、通关贸易等都得到了发展，控制的疆域也得到了拓展。秦时修建的都江堰、灵渠等是世界上伟大的水利工程，直至两千多年后的今天仍然在使用。

我们都听说过"孟姜女哭长城"的故事。孟姜女的丈夫万喜良被抓去修长城，累死在边地。她千里寻夫，悲痛不已，哭倒了长城。这个故事反映了当时的真实情况。由于秦在极短的时间内动员了全国的力量，完成了许多非常重大的社会工程，很快耗尽了国力，导致民怨极大，造成了秦朝的灭亡。刘邦等建立了新的王朝——汉。

所谓"汉"，就是星汉，指的是银河，也泛指星空宇宙。当我们说自己是汉人的时候，一定要理解"汉"的含义，意识到这个名称反映了我们的先人认为自己是能够通达天意、体现天道的人。

汉朝也分成了前后两个时期。前一个时期人们称为前汉，也称西汉，定都长安。后一个时期被称为后汉或东汉，定都洛阳。中间因王莽篡政，建立了"新"这样一个政权，没过多久就被刘秀建立的后汉取代。前汉和后汉各存约二百年。整个汉朝大约有四百年的历史。这是一个伟大的王朝。

秦长城遗址（包头）

第一，汉朝是我国历史上最为强盛的时代之一。汉高祖、汉文帝、汉景帝等均采用休养生息的政策，使国力得到了恢复、增强。先后出现了"文景之治""汉武盛世""昭宣中兴""光武中兴""明章之治""永元之隆"等兴盛时期。汉时变革政权结构，设立负责行政事务的丞相、负责军事事务的太尉、负责监察事务的御史大夫，形成三权分立的格局。此外还设有"九卿"，分别负责不同的政务。

第二是生产力得到了快速发展。蔡伦的造纸术出现，改变了人类的书写形态。铸铁技术的普及使人类生产工具发生了飞跃，特别是铁制农具、灌溉机械水排的出现使农业生产的效益大大增强。天文学进一步发展，张衡铸造了能够预报地震的候风地动仪，落下闳、邓平等人编制了《太初历》。在医学领域，出现了华佗、扁鹊等名医，张仲景著《伤寒杂病论》，被誉为"医圣"。在数学领域，出现了《周髀算经》《九章算术》等经典著作。

第三是军事实力得到了增强。卫青、霍去病等抗击匈奴，拓展了国家的疆域，维护了国家的稳定。平抚四方边缘地带族群，设置西域都护府等，强化了对西域、漠北、沿海及西南地区的治理。

第四是开通了丝绸之路。张骞两次出使西域，加强了汉朝与西域、东亚、中亚、西亚、东南亚以及罗马、埃及等地的联系。丝绸之路成为连通亚欧非的经济文化纽带。罗马派使节出使中国，欧非地区进一步被中国人了解。

第五是改革教育与用人制度。设立太学，完善教育体系。实施举孝廉，由地方向朝廷举荐人才，使寒门子弟有了参与管理国家事务的通道。任用布衣重臣，改变了豪门藩镇控制国家政权的现象。

第六是思想文化进一步兴盛。独尊儒术，兼尚道法，出现了适应时代要求的董仲舒等极为重要的思想家。设立乐府，采集民间诗歌乐曲，存留的乐府诗是中国诗歌的瑰宝。出现了新的文体"赋"。隶书形成，被称为中国古今文字的分水岭。司马迁的《史记》、班固的《汉书》是人类史学的巅峰之作，具有诸多开创性贡献。许慎的《说文解字》是中国文字集大成之作。外来佛教传入，本土道教形成。

汉是一个产生了深刻的国际性影响的时代，强化了不同地区之间经济文化的交流认知，是影响人类文明进程的重大朝代。汉对匈奴的抗击，引发了人类迁徙大潮，直接导致了西罗马帝国的崩溃，引发被称为"蛮族"的游牧族群进入欧洲腹地。"汉"也成为中国的代名词。我们古老的华夏族也因此被称为汉族。

汉虽然是一个伟大的朝代，但积累的社会矛盾也逐渐突出，终于由以曹操为代表的曹氏集团所替代。由此，汉朝灭亡。尽管曹氏集团建立的魏是一个区域性的政权，但由于是代汉而建的，人们也把魏视为汉之后的历史时期。人们常说的魏晋南北朝的"魏"就是指曹魏。同一时期，汉王室后裔刘备在四川成都一带也建立了一个政权，认为自己是汉王朝的继承者。人们称之为蜀汉。之后，孙权等在江南建立了吴政权，人们也称其为东吴。这样就形成了魏、蜀、吴三国鼎立的态势。我国进入了三国时代，这一时期也只有六十多年的时间。

尽管三国是一个分裂的时代，但不论北方之曹魏，还是西南的蜀汉、江南的孙吴，都希望由自己来统一天下，结束国家的分裂状态。其中，曹魏灭蜀汉，但却被权臣司马懿的孙子司马炎篡夺政权，建立了晋朝。之后，孙吴政权也被晋所灭。在经历了三国纷争之后，三家终于归晋，我们的国家再一次重归统一。

晋是一个非常特殊的历史时期，有西晋、东晋两朝，大约经历了一个半世纪之久。西晋就是名义上承袭曹魏的司马氏集团建立的朝代，都城在洛阳。这也是中国重归统一的历史时期。但这一时期十分短暂，只有五十多年就被迁往中原地区的匈奴政权所亡。随后，北方爆发了"五胡乱华"，各少数民族与地方豪强纷纷建立政权，形成了

"五胡十六国"的分裂状态。但当时的丞相司马睿在今南京称帝，承续晋朝。人们称这个晋为东晋，存在了大概一百多年。所以我们在相关的论述中往往看到"两晋"的说法，就是指短暂统一的西晋与主要占据秦岭以南的东晋。

两晋时期，我国的社会生产仍然得到发展。统治者调整政策，改进税制，使农业得到了发展。手工业与商业主要由官府掌握，仍然有相当的进步。灌钢与油淬铸造技术出现，纺织业由于纺织机的改进，产品的品种增加，造纸业、陶瓷业也发展迅速。两晋与西域的交流仍然存在，海外贸易得到发展。在天文地理学领域，出现了裴秀等极为重要的科学家。他著有《禹贡地域图》，并提出"制图六体"的地图绘制理论，具有极为重要的历史价值。数学方面出现了《海岛算经》等著作。

由于王室政权的更迭纷乱，政府对社会的控制力减弱，人们的思想得到了解放。迁入中原地带的非农耕族群与海外及西域各地的交流，促进了文化的融合，出现了许多新的文化现象。在思想领域，儒家的独尊地位被打破，玄学兴盛，佛教的中国化得到了加强，与道教等各有融汇。在书法绘画领域，出现了书圣王羲之及其子王献之，画圣顾恺之及其《女史箴图》《洛神赋》等。卫铄的《笔阵图》是我国最早的书法理论著作。

文学领域，出现了大量的著名诗人、作家。如被称为"竹林七贤"的阮籍、嵇康等，以陶渊明、谢灵运的诗作为代表的田园诗，以郭璞的诗作为代表的游仙诗等。陆机的《文赋》是非常重要的美学著作。叙述文体也出现了《三国志》《后汉书》以及《搜神记》等著作。法显徒步西域取经，著有《佛国记》，并翻译了大量的佛教典籍，是伟大的旅行家、翻译家、文化使者。

两晋时期，北方地区的割据政权林立，长期战乱，出现了人口由北方向南方迁徙的大潮。也正因此，社会经济中心由北向南转移。南方地区得到了开发，成为中华地域具有战略意义的回旋之地。

东晋虽然偏居江南，但人们认为它是中华正统政权。由于内部的腐败、矛盾，出现了军人掌政专权，终于被篡的局面。公元420年，开启了承续东晋的宋、齐、梁、陈四朝时期。这四个政权大部分时间在今南京建都，次第更迭，至公元589年，最后一个南朝政权陈被后起的隋所灭。由于他们都在南方建都，被称为南朝。

北朝以鲜卑政权北魏为主，后分化为东魏、西魏，以及北齐、北周这几部分。在大致相同的时期内，北方的五胡十六国各割据政权相互征战，此消彼长。其中的鲜卑拓跋部不仅统一了鲜卑各部，建立了北魏，并进一步统一了北方。北魏王室向往中原，推行汉化，学习中华文化，大力推动改革，使社会生产力得到了快速发展。但是，在都城从平城，就是今天的山西大同迁往洛阳后，内部矛盾激化，王室腐败严重，终于分裂为东魏、西魏两部分。之后又演变为北齐、北周。其中的北周，改革力度较大，汲取中华文化比较到位，于是逐渐强大起来，终于攻灭北齐，使北方的鲜卑政权得到统一。但是北周后期，王室无道，政局混乱。至公元581年，杨坚代周为帝，建立了隋朝，终于使我国在分裂近300年后再一次实现了统一。

南北朝时期是中国大分裂的时期。两朝并立，互有攻伐，割据政权不断出现，又不断消亡。但是，这一时期的各地政权推行改革，发展经济文化，出现了许多新变化。

首先，这是一个民族大融合的时代。不仅鲜卑族群实行汉化，匈奴、羯、氐、羌等非农耕族群与中原农耕族群的融合也进一步加深。

其次是在社会管理方面有新的变革。特别是北朝以孝文帝、冯太后为代表，着力推行汉化，使北魏的社会生产得到了进一步发展。南朝各代由于南迁士族增加，对江南的开发更加深入。

再次是生产力得到了发展。变革军制使许多军户转变为从事生产的农民、手工业者，纺织业得到快速发展。矿业、冶炼业进一步兴盛。除官营的冶炼工场外，也出现了许多私人冶炼作坊。当时的人发明了杂炼生铁与熟铁的灌钢法、水排鼓风冶铸。瓷器的烧制技术进一步完善，出现了青瓷。造船业在南朝有了较大的发展，能够制造载重二万斛的大船。造纸技术得到发展，出现了压光与染色技术。指南车、脚踏轮船的使用和推广促进了经济发展。贾思勰的《齐民要术》在世界农业发展史上具有重要地位；郦道元的《水经注》为中国古代地理学奠定了基础。伟大的数学家祖冲之在天文历算、数学等方面贡献重大，由他编制的《大明历》更为精确，首次使用了"岁差"的概念。

这一时期，不同文化进一步融合。佛教逐渐融入普通民众生活之中。道教出现了寇谦之等重要的改革家，并与佛教相互融合。大量的佛教典籍被翻译进来，玄学逐渐沉寂，在思想领域出现了多元化的态势。

在艺术上，北朝的石窟艺术繁荣，出现了云冈、敦煌、龙门、麦积山、天龙山等造像艺术，融汇了希腊、中亚、印度等不同地区和国家的艺术风格，并逐渐中国化；南朝的绘画艺术也有所发展，在人物画的基础上出现了山水画，西域的绘画技法如凹凸法等传入中原地带。书法艺术中出现了楷书、魏书等书体。谢赫著有《画品》《古画品录》，提出了绘画"六体"。刘勰的《文心雕龙》是我国第一部系统的文艺理论巨著。钟嵘著有文学批评著作《诗品》。南朝梁武帝长子萧统组织编辑的《昭明文选》是我国现存最早的诗文总集。骈体文与乐府诗兴盛，有《木兰诗》《西洲曲》及《乐府诗集》等传世。

各政权多设置著作官，负责编修国史，因此出现了众多史学著作。如魏收著有《魏书》、沈约著有《宋书》、萧子显著有《南齐书》、崔鸿著有《十六国春秋》、范晔著有《后汉书》。

这一时期也是中国与欧亚各国联系比较频繁的时期。北魏与罗马、波斯及西域各国互派使节，通商贸易。国外的物资、技术、艺术传入我国，使节、教士、商人等络绎不绝，往来于丝绸之路。平城及后来的洛阳是当时最重要的国际化都市。

读完后，请你用自己的话谈谈对以下知识点的理解。

13. 尧舜禅让

14. 汉承秦制

15. 民族融合

第六章 历史长河中的中华文明（下）

> 隋唐盛世，万邦来朝，天可汗之名威震四方；宋辽战和多年，时移世易，少数民族政权煊赫一时；明清交替，程朱理学敌不过船坚炮利，中西文明撞击出时代火花。

公元581年，隋朝建立，我国重新进入了大一统时代。隋的都城叫大兴，大致就是今天的西安。虽然只延续了38年的时间，但是隋对我国的发展有极为重要的贡献。

一、辉煌与落寞：隋唐五代

隋文帝杨坚采取了许多措施巩固政权，社会经济出现了繁荣景象，被称为"开皇之治"。隋文帝之后是隋炀帝杨广。关于杨广，史书中有很多记载，说他穷奢极欲，好大喜功，压榨百姓。但实际上杨广应该也是一位雄才大略的皇帝，在很短时间内做了许多大事。但这也导致国力不堪重负，民众怨声载道。在巡视江南扬州时，隋炀帝被杀。短暂的隋朝为后人留下了丰富的遗产。

第一，实行三省六部制，建立后世历代官职制度的基础。三省是尚书省、中书省、门下省。六部是吏、户、礼、兵、刑、工六部。同时，完善法律体系，制定了《开皇律》，成为唐及之后各代法典的重要基础。

第二，开通了大运河。以洛阳为中心，北至涿郡（今北京市），南达余杭（今杭州市），可沿水路从华北通达东南。同时，又以通济渠、永济渠、邗沟等连接海河、黄河、淮河、长江、钱塘江。这是世界航运史上的巨制，亦是维护国家统一的重要交通运输枢纽。

第三是创建并完善科举制。通过考试选拔人才，进一步打破了贵族门阀对国家权力的世袭垄断，打通了平民百姓进入国家权力体系的通道。

第四，推进民族融合。先后降服北部突厥，征服南部林邑，驯服东北部契丹，攻下东南部琉球，镇服西北部伊吾，攻陷西北吐谷浑，三征高丽，使中华民族的统一体形态得到强化。

第五，文化科技领域出现了影响后世的重要成果。儒学复兴，融合佛、道，相辅治国。祆教开始在中国传播。被誉为"文中子"的著名思想家王通著有《中说》《续六经》等重要著作。裴矩著有《西域图记》，这是中国历史地理学的重要成果。陆法言撰《切韵》，是中国最早的音韵教科书。李春设计的赵州桥是现存世界上最古老的石拱桥，比欧洲的早700多年。刘焯制定了《皇极历》，是当时世界上极先进的历法。《诸病源候论》是我国第一部病因证候学专著，记载了世界上最早的糖尿病病例。

第六，加强了西域各国的联系。隋朝先后在恒山、张掖、洛阳举办朝贺祭祀大典，参与诸国多达数十，可谓万国来朝，四夷归顺，朝贡体系出现了高潮。北部之突厥、契丹，东部之高丽、百济、新罗、倭国，南部之林邑、真腊，西域各国及罗马、波斯等均与隋建立了良好的外交关系。

从某种意义上看，隋朝典章制度奠定了唐代兴盛的基础。中国将进入一个伟大的时代。公元 618 年，唐国公李渊称帝，定都长安（今陕西省西安市）。至公元 907 年，藩镇将领朱温篡唐，唐朝灭亡，享国近 300 年。大致来看，不论是社会经济，还是国土疆域，乃至思想文化，唐都是当时世界上最发达、最具影响力的国家。具体体现在以下方面。

在政治上，唐朝统治者励精图治。唐朝官制承袭隋制又有所发展，先后出现了《贞观律》《开元律》，成为中华法系后世法典的蓝本。改革税制，实施租庸调制，形成了“有田则有租，有身则有庸，有户则有调”的贡赋体系。先后出现了几次盛世，如唐太宗时期的“贞观之治”、唐高宗时期的“永徽之治”、唐玄宗时期的“开元盛世”，以及“安史之乱”后唐宪宗时期的“元和中兴”、唐武宗时期的“会昌中兴”、唐宣宗时期的“大中之治”。唐朝开通西域，平叛削藩，推动民族融合，丝绸之路进一步打通，与世界各国的联系进一步密切，民族意识得到加强，国家疆域在中国历史上最为广阔。

在经济上，生产力得到了提高。标志着古代中国农业工具成熟的曲辕犁在唐时出现。新的灌溉工具如水车、筒车等广泛使用。手工业有很大的进步。除官营外，私营手工业也很发达。纺织业、陶瓷业、矿冶业、造船业、造纸业、制茶业等非常兴盛。陶瓷中的“唐三彩”堪称杰作，传播至东北亚地区，衍生出“新罗三彩”“奈良三彩”等。规模庞大的“俞大娘航船”是唐代商业繁荣的实证。“茶圣”陆羽著《茶经》，是茶业发展的标志。交通运输与商业贸易更为发达。确立了国家铸币的法币地位，实行“钱帛兼行”，即金属货币与以丝绸为代表的实物货币同行互补的货币制度流行。在四川成都还出现了近于纸币与支票性质的“飞钱”。唐朝与各国的贸易往来十分频繁，形成了

唐三彩

以长安、洛阳、晋阳三都为代表的国际性大都市，出现了扬州、广州、益州等国际贸易的大都会。中国的丝绸、瓷器、铁器、书画等源源不断地输往世界各地。绿宝石、香料、胡椒等器物通过海陆丝路大量传入中国。

在科学技术上，成果众多。天文学家僧一测量了子午线的长度。雕版印刷得到发展。唐刻《金刚经》卷本是目前世界上现存年代可考的最早印刷品。中国的造纸术、纺织技术等通过阿拉伯地区传到了西亚、欧洲等地。"药王"孙思邈所著《千金方》被誉为中国最早的临床百科全书。唐朝人开始使用火药制作"火箭"，并经阿拉伯地区将其传入欧洲。长安、洛阳、晋阳的城市规制具有非常重要的典型性，是中华城市的杰出代表。中国建筑的形制、营造技术产生了重要的国际影响。日本各地多有唐式风格建筑。

在思想文化上，出现了新高峰。首先，儒家精神进一步得到确立。佛教在唐代完成了本土化进程，成为中华传统文化的重要组成部分，王通倡导的儒、释、道"三教合一"的思想成为共识。另外，外来宗教如基督教的分支景教以及祆教、摩尼教被称为"三夷教"，在中原地带广泛传播。柳宗元等人在众多哲学的基本问题上进行了积极的探索，对宇宙构成、天人关系、社会政治等方面提出了许多重要观点。吕才批评阴阳佛学，认为"极微的元气"是世界本源，强调理论来源于实践。韩愈倡导"行道"，主张兼济天下、国家统一，重视人才。其次在学术著述方面，出现了许多重要的史学家、地理学家。在史学著作方面，出现了官修的《梁书》《陈书》《北齐书》《周书》《隋书》《南史》《北史》以及《五代史志》《晋书》。其中的《隋书·经籍志》正式创立了经、史、子、集四部分类法，是隋之前著述的总录。再次，在文学创作方面形成新的高峰。唐诗是人类文学宝库中的巅峰性成就。王维、王勃、李白、杜甫、白居易等诗人是人类诗歌皇冠上最闪亮的明珠。田园诗、边塞诗影响深刻。韩愈、柳宗元等倡导"古文运动",使散文发生了深刻的变革。

在艺术创作方面,出现了许多极为重要的成果。这一时期,我国绘画艺术出现了革命性进步。画种逐渐丰富,并汲取外来表现手法,使画面更为鲜活生动。初唐之阎立本、阎立德兄弟擅画人物,中唐时期的吴道子被称为画圣,善于画人物、山水。吴道子的画有立体感、动感,有"吴带当风"的称誉,与西域画家曹仲达的"曹衣出水"并称。李思训、李昭道父子是唐代山水画的重要代表。张萱、周昉以仕女画为长。王维以水墨山水画受到称誉。

艺术兴盛还表现在书法、音乐、舞蹈等方面。唐代是中国书法的鼎盛时期,出现了欧阳询、虞世南、颜真卿、柳公权以及张旭、怀素等极为著名的书法家。唐太宗李世民、唐玄宗李隆基等都是非常优秀的书法家。唐代的舞蹈艺术十分兴盛。当时的舞者在中国传统舞蹈的基础上,大量地吸收了西域、印度等外来舞蹈的元素,创造了极具表现力的舞蹈形态,如胡腾舞、胡旋舞等。唐玄宗时期创办"梨园",专门从事音乐、舞蹈的教学、排演。乐律家祖孝孙制定"大唐雅乐",在传统十二律的基础上转换出四十八调。唐太宗订立《九部乐》,包括《清商》《西凉》等九部。《秦王破阵乐》《霓裳羽衣曲》等是我国极具影响的经典之作。武则天时期还出现了一部重要的音乐理论著作《乐书要录》。

另外,对外文化交流出现了极为兴盛的态势。随着丝绸之路的进一步畅通,中外交流不断深化。既出现了中国学人出国向他人学习的热潮,也出现了国外学人来中国学习的潮流。以玄奘、义净为代表的僧人取经活动兴盛。玄奘的《大唐西域记》,义净的《大唐西域求法高僧传》等都具有极为重要的影响。今天的西安、南京、扬州是当时佛教的国际性学术中心。五台山是当时各国僧人朝拜的圣地。许多国家派遣学子来到大唐求学。有一些人甚至留在中国，著述为官。许多知名外籍人士在朝中担任重要职务，参与国家治理，或从事学术研究。更多的普通外籍民众来到我国或经商，或修艺，或从军。胡风、胡语、胡乐对中国人的日常生活产生了重要影响。

唐朝是一个辉煌而伟大的时代，是同一时期世界上最为发达繁盛的地区之一。尽管其间经历了诸如安史之乱、藩镇割据、豪族擅权、外戚专政、农民起义等，但总体来看，唐是一个自由开放、精神奋发、力争向上、开拓进取、自信自强的时代，是中华民族为人类文明做出辉煌贡献的时代。

安史之乱后，唐朝由盛而衰。唐末，王室孱弱，大权旁落，军阀割据。唐天祐四年，也就是公元907年，梁王朱晃接受唐哀帝禅让，在开封建立后梁，标志着辉煌近300年的大唐帝国的终结，被称为"五代"的大分裂时期开始。之后，北方中原地区先后出现了后梁、后唐、后晋、后汉与后周五个时间较短的政权。至公元960年，赵匡胤接受后周恭帝禅让，建立宋朝，五代时期终结。

唐末五代至宋初，在长江以南还存在十个地方政权。据史籍记载，其中的前蜀、后蜀、南吴（杨吴）、南唐、吴越、闽国、南楚（马楚）、南汉、南平（荆南）以及北汉被称为"十国"。至宋朝建立，统一了这些地方割据政权。宋太宗太平兴国四年，就是公元979年，以北汉的灭亡为标志，十国终结。

五代十国大约存在了70年时间。总体来看，这是一个由大一统而至于大分裂的时代。但总的趋势仍然是要恢复一统。我们从五代的名号可以看出来，除梁是新立的政权外，其他割据政权都在努力强调自己承袭祖制的正统地位。而且出现的时间越晚，追溯的朝代越远。以十国为代表的南方政权基本上承认北方政权为正统。这一时期，尽管战乱频仍，社会仍有许多发展进步。

在生产力方面，南方得到了较快的发展。一方面是北方的士族、民众南移，社会财富、劳动力以及生产技术的转移使南方地区进一步兴盛起来。另一方面是南方各地逐渐形成了实力较强的地方政权统辖的格局。虽然地域较小，但政权更迭较少，比较稳定。他们兴修水利，鼓励农垦，减轻赋税，加强通商贸易，发展手工业，重视文化教育。

在科技方面，制瓷技术、造纸技术、雕版印刷技术、火器制造技术以及农业水利技术等都有明显的进步，为宋代科技全面进步奠定了基础。在天文学领域，《符天历》大为流行，并传入日本。在医学领域，韩保升编著的《蜀本草》产生了重要影响。农业水利领域出现了韩鄂的《四时纂要》，首次记载了茶树、棉花、香菇等作物的栽培技术。治河海防工程也很多，出现了许多重要的技术革新，如"遥堤""酸枣堤"的运用等。制陶技术得到发展，出现了被誉为"雨过天青"的传世之瓷，成为我国古代陶瓷技术的一大创举。

后唐组织刻印了《诗经》《尚书》《礼记》等"九经"，后蜀组织刻印了《周礼》等"四经"，使儒学广为传播。"九经""四经"的刻印传播保存了儒学经典。同时，贾纬、张昭远等著有《旧唐书》，王仁裕著有《开元天宝遗事》等，保存了许多珍贵的史料。赵崇祚等编有《花间集》，使"花间词"成为我国古典诗词中非常重要的流派。特别是南唐后主李煜的词，为北宋词的发展开拓了新领域。

五代十国时期，中国古典绘画有新的突破。荆浩是五代时期北方山水画的开创者，其《笔记法》是山水画理论的经典之作，对之后关仝、范宽等影响很大。董源是五代北宋时南方山水画的代表。黄筌、徐熙等以画珍禽异兽、水鸟汀花为长。顾闳中的《韩熙载夜宴图》是中国古典绘画的传世珍品。

这一时期，对外贸易与交流仍然活跃。尽管中央政府已不存在，但西域、东洋、南洋仍有许多国家与中原交往通好，努力保持政治经济上的联系。当时的明州、福州、泉州、广州都是非常重要的对外贸易港口。中国的陶瓷制窑技术传至高丽，又传至日本与欧洲等地。

二、多元兴盛：宋辽金元

大家都见过北宋时期张择端的《清明上河图》。在上海举办的世界博览会上，这幅画以立体影像的形式向世界展示。据说其中的人物就有接近 2000 个，各类牲畜有 60 多匹，木船 20 多只，房屋楼阁 30 多栋。这幅画极为生动细腻地表现了北宋都城汴京（今河南省开封市）繁华的都市场景，体现出宋朝社会商品经济的发达与文化的繁荣。

宋朝前后共有 300 多年的历史，分为北宋与南宋两个时期。公元960 年，后周将领赵匡胤通过陈桥兵变建立了宋朝，在开封建都，至公元 1127 年被金攻陷，北宋灭亡。同年，宋康王赵构于南京应天府继位，建立南宋，后移都临安（今浙江省杭州市）。南宋控制了秦岭淮河以南的地区。北方则被辽、金、元先后控制。公元 1276 年，蒙元攻占临安，三年后陆秀夫与幼帝赵昺在崖山海战后蹈海而去，南宋亡。

宋是一个极具矛盾感的时代。一方面，其军事表现出退缩的态势，由统一政权演变为一个退居江南的偏安政权。另一方面，经济与科技文化又极为兴盛繁荣，是当时世界上最富裕的国家之一。

宋也是一个非常复杂的时代。除北宋与南宋外，还存在辽、金、西夏、大理、吐蕃、交趾等地方政权。其中一些称帝立朝，如辽、金；或统一中国，如元；或藩属中国，如交趾。宋朝一方面在军事上屡屡失败，一方面又表现出非同一般的生命韧性。元军攻城拔寨，横扫欧亚，却在屡弱的南宋面前举步维艰。元军围攻钓鱼城，四十年才得手；攻打襄阳城，差不多用了六年才惨胜。宋朝由统一政权转为偏安政权，又变成流亡政权，终于被元军攻灭。但大臣、皇帝不甘屈服，蹈海明志，其身虽殁，其志长存。宋作为一个朝代虽然消亡了，但作为一种精神却成为中国历史上最为悲壮、最具警示性的绝响。回顾宋朝延续期的表现，可圈可点。

宋朝建立后，首先面临着如何统一的问题。宋朝统治者联金灭辽，但又为金进入中原打开了方便之门，后又联蒙灭金，又为蒙的南下提供了通道。南宋时多次北伐，与西夏及南方各地政权交战，却始终没有改变偏安江南的局面。其间出现了岳飞、韩世忠、狄青等著名的军事家。

宋在社会治理方面有许多积极的努力。统治者重用贤能，强力改革，推行新法，出现了庆历新政、乾淳之治的繁盛期。但是，宋的隐患也日渐严重。除辽、金、元等严重的边患外，内部外戚当政，党争激烈，许多事关国运的决策失误。多任皇帝懒于朝政，为日后的覆亡埋下了伏笔。

宋代商品经济非常发达。虽然国土的半壁江山不为宋所控制，但江南地区随着历代开发进入兴盛期。由于大兴水利，开荒拓植，出现了梯田、淤田、沙田，甚至出现了在湖中做木排，排上铺泥成地的"架田"，土地得到了较好的综合开发利用。新的农具不断出现，如踏犁、秧马、高转筒车、水转翻车等，提高了劳动生产率。宋朝引进新稻种以及新作物，北方之粟、麦、黍、豆来到南方，棉花、茶叶、蚕、麻的种植生产不断增加。金融业出现了新的发展。宋朝通过改革币制，成为中国古代货币体系最稳定、最兴盛的时期，出现了世界上最早的纸币交子。手工业得到快速发展，各种矿藏的开采不断提高。制瓷业进入兴盛期，出现了开封官窑、汝州窑、定州窑、景德窑等重要的陶瓷生产地。丝、麻、棉纺织业兴盛，形成了众多的纺织中心。航海业、造船业极为发达，出现了对外贸易的新兴盛状态。

宋代科学技术得到了长足的进步。数学、天文、历法、地理、医药、农业等方面都达到了非常高的水平。著名的英国科技史专家李约瑟先生认为，中国封建社会的科技发展到宋代，已经呈现巅峰状态，在许多方面实际上已经超过了 18 世纪中叶工业革命前的英国或欧洲大陆的水平。这一时期，出现了许多极为重要的科技著作。如沈括的《梦溪笔谈》被认为是中国科学史的坐标。

在农业方面，宋时出现了《陈敷农书》，反映了唐宋时期水田耕作的栽培技术水平。还出现了蔡襄《荔枝谱》、欧阳修《洛阳牡丹记》、陆游《天彭牡丹谱》等记录园艺植物的著作。

在医学方面，宋朝进入了一个全面发展的新阶段。不仅分科更为具体，在医药的理论、教育、临床等诸多方面都有极大的发展。出现了《开宝本草》《图经本草》《经史证类备急本草》等药典类著作。宋慈的《洗冤录》是我国第一部法医学著作，王惟一的《铜人腧穴针灸图经》展现出中国医学在人体理论与针灸治疗方面的重要成果。

在机械制造方面，燕肃复原、制造了指南车、记里鼓，创造了新的"莲花漏"等测量仪器，绘制了《海潮图》，以说明潮汐原理。李诚所著《营造法式》被认为是中国古代的经典建筑技术著作。王存等编著的《元丰九域志》对各地里程数、城堡、山川记载详备。在军事技术方面也有革命性发展，最典型的就是火器大量出现并用于作战。霹雳炮、震天雷、引火球、铁火炮、火箭、火毯、火枪、火炮等在作战中发挥了前所未有的作用。冷兵器也有新的发展，出现了床子弩等用于投石的器械。曾公亮、丁度主编的《武经总要》是古代军事百科全书。

造纸术与印刷术的进步是中国古代文明的重要收获。宋时造纸技术发生了重要变化，造纸原料更为广泛多样，纸的品种更为丰富。其中的澄心纸、粟纸、藤纸等闻名于世。毕昇发明了活字印刷术，出现了胶泥活字、木活字排版。宋时，国子监所刻的官方刻印作品"监本"、民间刻坊所刻的"坊本"以及士绅家庭刻印的"私刻"三大刻印系统形成。活字印刷术传至东亚、中亚地区，而后对欧洲的印刷业产生了深刻影响，改变了欧洲的宗教文化格局，文字、阅读开始传入平民阶层，提升了欧洲社会的文化程度。

宋代的造船技术可谓世界之冠。据记载，宋时已经能够制造大约600吨的"神舟"。隔水舱技术传入欧洲，对欧洲的航海技术产生了重要影响。全国各地有很多造船中心。广州制造的"木兰舟"被称为"舟如巨室，帆若垂天之云，栿长数丈，一舟数百人，中积一年粮"。这一时期，还出现了车船、飞虎战船等新式战舰。

宋代也是一个思想文化大繁荣的时期。人们的思想相当活跃开放。儒学复兴，理学兴起，书院普及。出现了周敦颐、张载、程颢、程颐、邵雍等北宋思想家，以及朱熹、陆九渊等南宋思想家。程朱理学是中国思想史上最具代表性的文化现象。同时，佛教、道教有了新发展，儒释道三家融合发展。伊斯兰教、基督教的聂斯脱里派以及摩尼教、婆罗门教、犹太教等也有发展。史学得到了兴盛。出现了许多极为重要的史学家，新的史书体例不断出现。伟大的史学家司马光所著《资治通鉴》对后世产生了深远影响，其编年史体例成为后世的典范。欧阳修等著有《新唐书》《新五代史》，薛居正等著有《旧五代史》，影响重大。此外，诸如李焘《续资治通鉴长编》等编年体史书大量出现。还出现了传记体史书《通志》，典制体史书《文献通考》，纲目体史书《资治通鉴纲目》，方志体史书《太平寰宇记》，学案体史书《伊洛渊源录》，以及记录域外事项的著作如耶律楚材的《西游录》、周去非的《岭外代答》、赵汝适的《诸蕃志》等。陈寅恪先生认为，"中国史学莫盛于宋"。

文学艺术的繁盛是宋代极为重要的特征。词的创作达至顶峰，成为宋代文学的标志性体裁。晏殊被视为宋词初祖；欧阳修被视为花间派的重要代表；柳永在宋词发展史上具有转折性贡献，与李清照等为婉约派的代表；苏轼、辛弃疾为豪放派的代表；周邦彦为格律派的代表。宋朝的散文多有重要之作，欧阳修、曾巩、王安石与苏洵、苏轼、苏辙最具影响。宋代的诗人也非常多。最著名的有苏轼、陆游、杨万里等。黄庭坚开创了江西诗派。宋代的话本小说也比较繁荣，出现了《三国志平话》等重要作品。

在艺术创作领域，宋代的书法绘画是中国古典艺术的高峰之一。出现了苏轼、黄庭坚、米芾、蔡襄等极具代表性的书法家。宋徽宗赵佶书画艺术造诣极高，创造了瘦金体，开一时之新意。宋代出现了从"绘画"向"写画"的转变，强调书画同源，以意为先。苏轼、米芾、王希孟、张择端、赵佶、赵孟頫以及马远、马麟父子等代表性画家各有创见。孔三传把唐宋以来的说唱艺术与民间音乐融合，创立了诸宫调，开创了中国戏剧艺术的新时代。

宋代的对外交流也极其繁盛。虽然陆上丝路由于战争、割据的影响不够活跃，但海上丝路出现了空前的兴盛。丝绸、瓷器、铁器、纺织品、茶叶、药材、食糖等成为最受欢迎的大宗商品。象牙、珊瑚、玛瑙、乳香、胡椒等奢侈品大量进入中原。据史料记载，宋朝与太平洋、中亚、非洲、欧洲等五十多个国家和地区建立了贸易联系。广州、泉州成为当时世界上最大的港口。《广州市舶条法》是我国历史上第一部贸易法。各外贸港口城市设立"蕃市"，专营进口商品；设立"蕃坊"，专供外商居住；设立"蕃学"，专供外商子女读书。

由于宋朝的货币信誉度高，所铸铜钱被大量走私，当时的辽、西夏、金等地方政权以及日本、交趾、高丽等国都使用铜钱货币。各国仿造宋朝铜钱来制造本国钱币，形成了东亚铜钱货币体系。

这一时期的民族融合也进一步强化。契丹、女真族群大多融入汉族。耶律大石在中亚建西辽，被称为哈剌契丹。西辽覆亡后，八剌黑又在波斯建起儿漫王朝，即后西辽。他们视自己为中华一脉，依用中原年号、文字，不仅传播了中华文化，且增强了这一地区对中华文化的认同。西夏虽为党项族群建立的地方政权，但其文化、官职均仿中原。东南亚各国如交趾、占城等，东亚如高丽等都与宋确立了宗藩关系。日本与宋的往来十分密切，禅宗、茶叶等传入日本。

在与宋朝差不多的时期内，我国北方地区先后出现了两个区域性政权。一个是由契丹族群建立的辽，一个是由女真族群建立的金。他们与中原政权构成了错综复杂的关系，在经济文化的发展中也做出了重要贡献。

辽朝先后存在了200多年。其建立以公元907年耶律阿保机当选为契丹大首领为标志，至公元1125年被后起的金所灭。它的余部在蒙古草原及中亚一带建立了西辽等契丹政权，在当时产生了极为重要的影响。辽朝初期的疆域在辽河上游。全盛时东至日本海、库页岛，西至阿尔泰山，北至额尔古纳河、外兴安岭一带，南至今河北中部的白沟河、海河以及雁门关一线。他们自认为中华一脉，先祖为炎帝一系，目标是要由自己统一中国。

辽在政治上主张因俗而治，实行了契丹人治契丹、汉人治汉的"两院制"，后合并两院为枢密院。经济上在保留畜牧业的同时大力发展农业，冶铁、陶瓷、造纸、纺织等手工业得到发展，商业贸易也非常活跃，当时的五京都是非常重要的商业都市。辽的科技也有独特的贡献。医药领域出现了直鲁古所著的《脉诀》《针灸书》。天文学出现了由贾俊制定的《大明历》。

在文化上，辽努力学习中原，并吸收渤海国、五代各国及北宋、西夏与西域的文化，有效促进了政治、经济与文化的发展。皇室贵族仰慕汉文化，设立国子监及州县学校，建立孔庙，实行科举取士制度，仿造汉字创制了契丹大字。辽朝文人既使用契丹文字也使用汉字写作。文学创作涉及诗词、歌赋、文简等多个领域。辽兴宗、辽道宗等均有作品传世。耶律资宗出使高丽期间著有《西亭集》等。在绘画艺术方面，出现许多优秀的作品，耶律倍、胡瑰与胡虔父子的作品被誉为"神品"。建筑艺术的成就主要体现在佛塔与寺庙方面。其中山西灵丘觉山寺塔、北京天宁寺塔等为当时流行的密檐塔的杰出代表。音乐与舞蹈方面出现了辽朝散乐，受唐五代影响很深。

在辽朝的后期，女真族群建立了金朝。女真原受辽辖制。完颜阿骨打时统一了女真各部，并于公元1115年宣布独立，国号大金。十年后金灭亡了辽。两年后金又灭亡了北宋。至公元1234年，金在南宋与蒙古的夹击下灭亡。金所控制的地域，鼎盛期大致包括东北、华北、关中及俄罗斯远东地区，疆域东临日本海，东北至外兴安岭，西北与西夏并立，南依秦岭淮河一线与南宋对峙。

金出现在一个非常微妙、错综复杂的时期。草原的蒙古势力十分强盛，对中原跃跃欲试。辽虽然日渐衰落，却是金的前宗主国。西北的西夏也觊觎中原日久，力图拓展自己的疆域。在金的南部，正是偏安江南的南宋。但是，新生的金朝向往中原，仰慕中华，奋发作为，在灭亡了辽以后再灭北宋。其势十分强盛。

金朝在政治上先采用了辽的分治政策。但很快就使用汉制，建立了一元化的政治体制，增强了国家权力的效率。借鉴中原历代法制编定了《皇统制》等法规。金把发展农业作为增强国力的基础，并将中原地区的人口、技术、工具转移至东北，鼓励垦荒、减免税收，扩大农业生产。畜牧业、手工业、采矿业得到较大发展。陶瓷业、冶铁业、制纸业兴盛。陕西耀州窑、河南均窑、河北定州窑等重要的陶瓷生产基地更加兴盛。青镔铁器尤为精良，铁制工具广泛使用。山西稷山的竹纸、平阳的麻纸闻名于世，书籍刻印得到发展，平阳等地成为雕版印刷中心。商业日渐兴盛，金之中都（今北京市），南都（今开封市）以及会宁府、济南府与晋阳等地均为繁华的商业都会。

金朝思想文化的总趋势是实行汉化。而接受汉文化最快、汉化最深的是贵族阶层。金朝贵族虽然在不同程度上保持了女真习俗，但在思想体系、价值观等方面则以中华文化为正统，以儒家思想为核心，兼及佛道思想，形成儒释道三教合一的形态。在政治思想方面，认为王室与列国、华与夷、中国与四境的关系是可变的。只要有公天下之心即可称"汉"。金朝根据汉字改制的契丹文字拼写女真语，创制了女真文字，并大量翻译汉文典籍。汉字书籍在女真族人中广泛流行。据金世宗所言，之所以如此就是要让女真知道仁义道德所在。

金朝的科技也得到了较好的发展。在医学领域，出现了关于病症的刘完素火热说、张从正攻邪说、李东垣脾胃说。刘完素开创了河间学派，张元素开创了易水学派，李东垣开创了脾胃学派。他们与元时的朱震亨开创的养阴说被后人合称金元四大家，对中医理论的发展产生了重要影响。数学方面最重要的成果是李冶的《测圆海镜》《益古演段》，系统介绍了天元术建立二次方程的方法。在建筑方面，兴建了卢沟桥、金中都（今北京市）以及大同华严寺等经典之作。

金之文学艺术也很兴盛。最著名的是元好问与王若虚。元好问编有《中州集》，这是金朝的诗歌总集。《论诗绝句三十首》是当时极为重要的诗论作品。王若虚著有《滹南遗老集》，初步建立了文法学与修辞学。很多女真贵族学习汉诗。元好问还著有《壬辰杂编》《金源君臣言行录》，是后人编撰金史的主要依据。这一时期，刘祁所著《归潜志》、刘郁所著《西使记》等，文史兼重，影响广泛。

金朝的艺术创作也很突出。金章宗设立了书画院与图画署，广泛收集民间藏画，鉴定书画，开展创作。金帝完颜亮善画竹，完颜允恭善画獐鹿人物。这一时期出现了张圭、虞仲文、赵霖、张瑞等重要画家，以及金章宗、党怀英、赵沨等书法家。董解元所著《西厢记诸宫调》是中国古代戏剧的典范之作。

南宋灭亡后，继之而起的是元。元朝是由蒙古族群建立的大一统政权。1271 年，忽必烈建国号大元，开始元朝的统治。元朝是中国历史上第一个由少数民族贵族为主体建立的全国统一性王朝，元朝的疆域远超汉唐，奠定了明清以后中国版图的基础。

首先，它是一个由非农耕族群建立的统一政权。元朝的建立结束了五代以来长期分裂的状态。他们强调自己是中华的一部分。忽必烈根据《易经》"大哉乾元"改国号为"大元"。历代推行汉法，重用汉臣，使统一的多民族国家得以进一步巩固。其次，元是一个直接改变世界政治版图的时代。历史上，中华地区、中华文化一直产生着世界性影响。但这种影响主要是间接的。元朝政权建立后，南下，灭金、灭宋、灭西夏；北向，席卷欧洲；西向，进入中亚；东向，攻击日本。兵锋所到之处，势如破竹。他们在东欧、中亚一带分别建立了钦察汗国、察合台汗国、窝阔台汗国，以及伊利汗国等政权。诸汗国都以元为自己的宗主国。同时，元朝还在东亚、南亚各地建藩属国。这种世界性的扩张，直接改变了全球格局。

元朝建立后，仿照汉制加强中央与地方治理体系的建设。重用汉臣，完善军制与防御体系，很快从马上征战转向征战与治理并重。元时的经济基本以农业为主，实施了一些鼓励生产，安抚流民的措施，使农业生产得到恢复，交通运输更为发达，商业和海外贸易得到了长足发展，出现了许多重要的商业都市。

元代的思想文化兼容并蓄。儒家思想，特别是程朱理学受到重视，理学成为官学。出现了黄震、许衡、吴澄等理学家。耶律楚材、郝经、杨奂等强调华夷之辨，认为夷进于华，则中国之。如果蒙古人有德行也可以入主中原。而王应麟、胡三省等则缅怀南宋故国，隐遁乡野，著书立说。元也是一个极为重视著史的时代。在政府主导下，脱脱等人撰写了《宋史》《辽史》《金史》。同时，还出现了很多学者个人撰著的史学著作，如《资治通鉴音注》《蒙古秘史》等。

元代科技也出现了许多极为重要的成就。元大都等地设立了天文台，在全国范围内组织了天文观测活动，被称为"四海测验"。扎马鲁丁编制了《万年历》。许衡、郭守敬等编制的《授时历》沿用四百余年，是人类历法史上的一大进步。他们还研制了简仪、候极仪等众多的天文仪器。由扎马鲁丁、虞应龙等编撰了《大元一统志》。元朝开展了黄河源头探寻工程。潘昂霄撰《河源志》，朱思本绘制《舆地图》，二人是中国地理学与地图史上划时代的人物。耶律楚材的《西游录》、李志常的《长春真人西游记》、周达观的《真腊风土记》、汪大渊的《岛夷志略》等为当时游记类地理学的代表。数学家朱世杰在天元术的基础上发展出四元高次方多项式方程以及高阶等差级数求和等诸多数学计算理论。他还著有《算学启蒙》《四元玉鉴》等著作。元时出现了《农桑辑要》《王桢农书》等农学巨著。《世医得效方》等著作已经记载全身麻醉的治疗和脊椎骨折悬吊复位的治疗。《外科精义》《格致余论》等医学著作在当时产生了重要影响。元朝还组织了元大都水运系统、京杭大运河改建等极为重要的水利工程。

元代在文学艺术方面也呈现出新的辉煌。虽然诗词成就难以与唐宋相比，但元曲的成就却是元之文化标志，成为中国文学的另一座高峰。与汉赋、唐诗、宋词并称，出现了关汉卿、马致远、张可久、乔吉元散曲四大名家。杂剧出现了王实甫，以及被誉为元曲四大家的关汉卿、白朴、马致远、郑光祖等。《西厢记》《窦娥冤》《汉宫秋》《梧桐雨》等元曲作品是我国戏剧兴盛的经典之作，由宋入元的赵孟頫是元代画坛的领军人物。此外还有高克恭、黄公望、王蒙、倪瓒、钟繇、李邕等名于当时。山西芮城永乐宫壁画是世界绘画史上罕见的巨制，是我国绘画史上的杰作。青花瓷在元发展成熟，是中华文化的重要代表。

元代的对外贸易与文化交流盛况空前。周边大部分国家都与元朝建立了宗藩或朝贡关系。元朝甚至在一些国家设立了直属的藩属机构。随着蒙古针对海外的征讨，世界各地的人士频繁进入中国。由于四大汗国的建立，元在欧洲、亚洲具有空前的统领地位。它们的存在传播了中华文化，增强了世界各地对中华的认同。欧洲许多国家纷纷派遣使者与元朝交好。著名者如法国的鲁布鲁克，著有《鲁布鲁克东行记》等。商旅往来也非常频繁。最具影响的是意大利的马可·波罗。他的《马可·波罗游记》震惊了整个欧洲，是促使欧洲人"睁开眼睛看世界"的重要著作。元朝的兴盛为之后大航海时代的开创者郑和的海外航行奠定了思想和实践基础，也为欧洲文艺复兴运动的开启提供了思想资源。

作为一个朝代，元是比较短暂的。但在中华民族的发展进程，乃至世界整体格局中发挥的作用却是极为重要的。由于元朝的出现，推进了域外文化与中国传统文化的进一步交流融合，丰富了中华文明的内涵。但是，元朝统治集团内部矛盾没有得到解决，开拓征伐与生产建设的关系也没有得到很好的协调，社会治理的不平等导致民怨沸腾，引发各种起义、动乱。曾经对世界产生重要影响的元朝终于落幕，重新变为草原上的一个游牧政权。但是，一个新的时代已经到来。朱元璋在反抗元朝统治中建立了明朝。

三、全球变局：明清

明太祖朱元璋参加了元末农民起义，并于 1368 年在南京建都称帝，定国号为大明。有人认为"明"是出自《易经》"大明始终"，表示元、明之间的正统更替。1421 年明成祖朱棣迁都北京，南京成为陪都。1644 年，李自成攻陷北京，明朝灭亡。多个由明宗室在南方建立的政权被统称为南明。他们在清军入关南下后陆续被消灭。明王朝存在的时间不到 300 年。

明朝的建立正逢十五世纪人类大航海时代的来临。与世界性的元帝国相比，明的版图大幅收缩，从欧洲、中亚、南亚一带退回至传统的中华地域。但从社会经济与文化的发展来看，明朝仍然是一个极为重要且辉煌的时代。历代君主励精图治，社会经济得到了新的发展，统一的多民族国家进一步巩固。郑和七下西洋，开启了人类全球化的崭新时代，是人类大航海的揭幕者。农业与手工业得到了快速恢复和发展。商业贸易的国际化程度表现出新的特点，对全球经济的影响极为深刻。曾在唐宋兴盛的朝贡体系在明朝逐渐恢复并走向顶峰。

明代的东西方科技文化交流进入一个高潮。大批东来的欧洲传教士进入中国，传播西方文明，也把中华文化传回了欧洲，引发了后来的工业革命与启蒙运动。中国成为启蒙主义者描绘的理想国。出现了许多极为重要的思想家、文学家、艺术家与重要的科技成果。在欧洲即将走出黑暗中世纪，世界将发生革命性变革的时刻，中国成为思想、文化、经济发展的资源库与社会变革的理想目标。

总体来看，明朝在政治上进行了一系列的重大调整。统治者改变中央行政机构，重用贤德人才，加强行政监察，制定《大明律》以完善法律制度。同时，注重发展农业生产，鼓励开荒垦殖，兴修水利河道，倡导种植经济作物，移民到土地荒废、地广人稀的区域。张居正推行改革，整顿朝政，调整赋税政策，减少民众负担。先后出现了"洪武之治"、"永乐盛世"、"仁宣之治"以及"弘治中兴"、"万历中兴"等兴盛时期。

"问我故乡在何处，山西洪洞大槐树。"这句流传极为广泛的民谚说的就是明政府在经历长期的征战之后，动员民众从人口稠密的地区向战乱导致人口稀少的地区移民，以恢复生产的历史。这株大槐树今天仍然茂密旺盛，郁郁葱葱，成为各地华人寻根祭祖的文化标识。明代的社会生产得到了快速的发展，出现了许多值得重视的现象。

一是朝贡体系进一步完善。各国朝贡在作为政治行为的同时演化为经济行为。大批商人随朝贡使团进入中国开展贸易。朝廷赏赐给朝贡国皇室及使节成员的大量财物，也转化为贸易资源。

二是出现了晋商、徽商等十大商帮组织。如晋商开通了纵横欧亚八万里的茶叶之路，生意不仅遍及我国本土，且进入日本、朝鲜、俄罗斯与东南亚等亚欧地区，万里茶路成为丝绸之路之后东西方国际贸易的又一重要廊道。

三是海上贸易十分兴盛。明朝是继宋代之后海外贸易的又一个兴盛期。东北向朝鲜、日本，东南向南海沿海，以及印度洋沿岸均有我国的贸易商船。特别是以菲律宾为中转，开通了跨越太平洋抵达美洲的"大帆船"贸易，并与日本建立了"勘合船"贸易。美洲、日本生产的白银以及欧洲通过贸易与掠夺而来的白银大量涌入中国，使我国成为当时世界上拥有白银最多的国家与贸易顺差最大的国家。

四是社会生产形态发生了重要变化。自给自足式的以农业为主的生产形态中出现了以贸易为主的手工业生产形态。以资本为杠杆的规模化、标准化的生产在整个社会经济中占有一定比重。很多人认为，在明代已经出现了资本主义生产的"萌芽"。

在社会生产力与科学技术方面，明代也有非常重要的贡献。在天文历法方面，出现了《白猿献三光图》，其中所载，绝大部分与现代气象学原理一致。李之藻著《浑盖通宪图说》，张燮著《东西洋考》。由徐光启主持历局编制的《崇祯历书》，引进了欧洲古典天文学知识、度量衡知识，表现出我国古代天文学的新进步。1383年，在南京建立了京师观象台。1442年，在北京也建立了观象台，之后建立了晷影堂等众多天文学机构。这些成就在当时具有世界性的先进意义。

在数学物理与化学领域，出现了吴敬所撰的《九章算法比类大全》、王文素的《新集通证古今算学宝鉴》、朱载堉的《律吕精义》、程大位的《算法统宗》等。徐光启与利玛窦等合作翻译《几何原本》《泰西水法》，并著有《测量异同》《勾股义》等。宋应星在《论气》中对声音的产生与传播进行了科学的研究。方以智在《物理小识》中对宇宙时间与空间的关系进行了研究，并正确地解释了大气折射现象。孙云球制造了放大镜、显微镜等数十种光学仪器，著有《镜史》。十六世纪初，明朝人已能开凿数百米深的石油竖井，这是人类凿井技术的进步。在采矿技术中，火爆法已经被使用，开矿工人还掌握了焦炭的烧炼方法。宋应星在《天工开物》中已经表现出化学元素的基本概念，记载了中国古代冶炼技术的诸多成就，包括钢铁热处理的技术。

在医药学领域，明成祖朱棣等主持集编《普济方》，是我国现存最大的一部药方书。十六世纪中期出现了人痘接种技术。至十七世纪推广至全国，并传入欧洲。杨继洲著有《针灸大成》，张景岳著有《类经》，吴有性著有《温疫论》等。陈实功著有《外科正宗》。这一时期，已经能够进行截肢与气管缝合手术。李时珍的《本草纲目》在十六世纪末刊行，这是世界医药学领域一部极其重要的药物学宝典。

在农业与地理方面，出现了朱橚的《救荒本草》、赵蛹的《植品》等著作。马一龙的《农说》是我国第一部运用哲学观点阐释农业技术的著作。屠本畯的《闽中海错疏》是我国现存最早的海洋生物学专著。喻仁、喻杰合著的《元亨疗马集》是至今仍然有实用价值的兽医学著作。徐光启的《农政全书》是一部探讨农业科学，总结中国农学与农业生产经验，并吸取西方科技成就编著而成的科学巨著，也是我国古代具有重要意义的农学著作。

在思想文化方面，明代是一个非常重要、具有突出成就的时代。这也是一个中西方文化大交流的时代，是中国接受外来文化创造新变的时代，更是对中华文化进行全面总结，英杰辈出、群贤迭现的时代。

明初把以程朱为代表的理学推上了至尊地位，出现了薛瑄、吴与弼、胡居人等著名的理学家。之后，以王阳明为代表的"心学"产生了重要影响，王阳明与陆九渊一起被后人称为"陆王心学"。之后出现了以王艮、李贽为代表的"泰州学派"。明末清初又出现了一批极为重要的启蒙思想家，如黄宗羲、顾炎武、王夫之、傅山、方以智等。他们强调经世致用，认为"天下兴亡匹夫有责"，形成了明清思想史上的"实学"思潮。由理学而心学再实学，既是明清时期中国古典哲学演变的轨迹，也是中国古典思想最后的辉煌。

儒家思想仍然是整个社会的主流，但其他宗教及其思想也得到了传播。伊斯兰教得到传播，此外如摩尼教、基督教等也有一定的影响。明代最重要的宗教文化现象是基督教在中国的广泛传播。这与罗马教廷向世界各地，特别是东亚地区派遣传教士传教有直接的关系。

传教士在传播教义的同时，也向中国传播了西方的科学技术，对明清时期的社会发展变革有重要的意义。同时，在他们与国内的通信联系中，大量地介绍了中国的历史、社会、经济、文化，使欧洲人发现了人生的新意义、社会的新理想、国家的新形态，间接激发了欧洲的启蒙运动。伴随东西方贸易的深化，引发了欧洲在经济、文化、信仰、审美以及日常生活等诸多方面的深刻变化，在欧洲形成了持久的"中国热"。

这一时期的文学艺术也非常兴盛。在文学领域，最具代表性的是小说的盛行。长篇小说进入了辉煌期，出现了施耐庵的《水浒传》、罗贯中的《三国演义》、吴承恩的《西游记》，兰陵笑笑生的《金瓶梅》。此外还有《东周列国志》《三遂平妖传》等。短篇小说如冯梦龙的《醒世恒言》《警世通言》《喻世明言》，凌濛初的《初刻拍案惊奇》与《二刻拍案惊奇》，它们被称为"三言二拍"。

在诗文方面也有许多重要作家，并出现了"台阁体"、公安派、竟陵派等创作流派。作家如王世贞、袁中道、袁宏道、袁宗道、钟惺、谭元春等较有影响。戏剧得到了进一步的发展，出现了被称为"临川四梦"的《牡丹亭》《邯郸记》《南柯记》《紫钗记》。音乐方面也有极为重要的成就。由朱载堉发现的"十二平均律"是世界上通用的律制，被广泛地运用在交响乐与钢琴等键盘乐器中。他著有《乐律全书》《律吕精义》等大量音乐方面的著作，被誉为"律圣"。

在书法绘画方面，由于明初推崇台阁体，小楷盛行。晚明时书法追求大尺幅，书风发生变化。书法家如祝允明、文徵明、王宠与唐寅最具代表性。还出现了董其昌这样的被誉为集古法之大成的书法家。在绘画领域，明初以宫廷画为主流，沈周、文徵明、唐寅、仇英被称为"明四家"。之后，出现了以徐渭为代表的实景山水写生画画家，以吴彬、陈洪绶等为代表的人物画画家，以陈淳等为代表的花鸟画画家以及小说与剧本的插图创作者。这一时期也是中国古典绘画对外产生重要影响的时期，特别是对日本浮世绘、印度细密画以及朝鲜绘画等产生了重要影响。大批书画研究著作出现，如朱存理的《珊瑚木难》、王世贞的《艺苑卮言》、董其昌的《画眼》《画旨》《画禅室随笔》等。

明代是我国建筑艺术步入辉煌的重要时期。建筑技法与材料的使用进一步新变。明之两都北京、南京是我国古代城市建筑的伟大典范。故宫是皇家宫殿建筑的伟大代表。南京城墙、平遥古城等是中国城市规制典型，也是城墙建筑存留最具规模的代表。明长城是我国古代防御工程的伟大代表。明十三陵是我国古代陵墓建筑的杰出代表。北京古观象台是我国古代科技建筑的杰出代表。西藏四大寺是我国古代寺庙建筑的杰出代表。福建土楼、山西晋商大院是我国古代民居建筑的杰出代表。苏州园林为民间园林建筑艺术的杰出代表。建筑学著作出现了午荣编撰的《鲁班经》、张宗道编著的《地理全书》等。

明代史学也极为兴盛。首先是皇室主持的国史，出现了官修的《元史》《明实录》以及《大明会典》等。其次是个人著述，如李贽的《藏书》《续藏书》、谈迁的《国榷》、谢肇淛的《五杂俎》、沈德符的《万历野获编》、王夫之的《读通鉴论》等。

明代也是一个对我国传统文化成果进行大规模收集总结的时代。最具代表性的就是明成祖时期编修的百科全书式典籍汇编《永乐大典》。《永乐大典》由解缙等人完成，辑成22877卷，凡例、目录60卷，是人类历史上最宏伟的编辑出版工程之一。

明代是一个民族关系比较复杂的时期。在北方，蒙古宗室政权退回草原之后仍然不时袭扰中原。明朝统治者通过设立九边防务，开通双方的互市，使矛盾得到了缓解。东北一线设立了辽东都司，招抚女真部落，形成了比较稳定的局势。李氏朝鲜更视明为宗主国。西北一带，先后设立哈密等卫所，稳定西北局势。明朝也完成了西藏地区的统一，并平定了云南全境，在交趾一带设交趾布政使司以及安南都统使司。今天的越南地区重新由中原政权管辖。在这样的变化中，各地族群的联系与融合得到了加强。

明代注重加强与各地各国的联系，曾五次派陈诚出使西域，先后

苏州园林

到了撒马尔罕、吐鲁番等西域十八国。陈诚著有《西域番国志》《西域行程记》等著作。郑和七下西洋首次航行于公元1405年，第七次航行于公元1433年。这是人类历史上规模最大、航行范围最广、频次最多的大航海活动，也是十五世纪世界大航海时代来临的揭幕行动。这一行动不仅反映了中国在造船、航海等方面世界领先的技术水平与社会经济的发展程度，也反映了中国在对外交往中和平、友好的价值取向。

世界各国也以各种方式加强与中国的联系。十六世纪初，葡萄牙派使节来中国，希望与中国建立外交关系，明政府准许在澳门开设洋行，修建洋房。十六世纪末，罗马教皇派利玛窦等人到中国传教。周边各国也纷纷遣使出访或朝贡。为完善各项对外事宜，明政府修建会同馆，设礼部负责朝贡诸事，下设主客司具体办理，对地方政府规定相应的接待事项制度。设会同馆接待朝贡人员，负责安排朝贡人员住宿等相关事务以及贸易事项；设四夷官负责翻译事务；设鸿胪寺负责礼仪、朝会、祭祀等相关事项；设行人司负责对朝贡国进行招谕、册封与赏赐等事项；于各开放港口城市设市舶司，负责来华贸易事项。

在对外交流中，明末影响较大的事件还有把葡萄牙租借给澳门，民族英雄郑成功从荷兰殖民者手中收回被侵占的台湾，并设立了承天府等。在明朝，东南沿海倭寇活动频繁，引发禁海。但明政府派俞大猷、戚继光除倭，平定了倭寇之乱，又重新开放了沿海口岸。

总体来看，明朝是一个对全球的经济、政治、文化产生重要影响的时代。在经济方面，对外贸易十分活跃，成为世界白银的"旋涡"中心；在政治方面，朝贡体系达到鼎盛；在文化方面，对外影响深刻，特别是传教士把中华文化传播回欧洲，影响了欧洲的变革；在科技方面，许多发明创造走在了世界的前列，显现出中华民族非凡的创造力。

　　但是，明代也存在着许多没有妥善解决的问题。如皇权过于集中，导致外戚专权、宦官当政，党争不断。前期多位皇帝励精图治，后期一些皇帝不理朝政，有的甚至长期不处理政务。另外，明朝皇帝重用厂卫特务机构，残害忠良，伤害了社会发展力。特别是明后期，阉党乱权，冤案害民，焚烧书院，打压贤良，民怨沸腾。各种起义、叛乱纷纷出现。虽然崇祯帝殷殷求治，勤于政务，但终不能改变国运的衰落，成为末代亡国之君。随着李自成农民起义军攻陷北京，明朝落下了帷幕。

　　努尔哈赤统一女真各部，建立了大金。后来改大金为大清。进入北京后，宣布"兹定鼎燕京，以绥中国"，表明清朝是一个承续中国历代皇权正统的朝代。清前期，统治者励精图治，进入盛世。后期国运衰落，被列强欺压，具有五千年灿烂文明的中国被帝国主义觊觎瓜分。中华民族在屈辱与落后中警醒，不懈地探寻国家独立、民族复兴的道路，直至辛亥革命推翻了清政府，掀开了走向民族复兴的新篇章。清朝也就成为中国最后一个皇权制王朝。

　　清朝是一个非常复杂矛盾的朝代。这一时期，特别是康熙、雍正、乾隆时期，经济、社会、文化得到了进一步的发展，是中国古代社会的顶峰期。但中国又被欧洲先发国家赶超，从顶峰跌落，成为一个国贫民弱、落后挨打的国家。昔日的辉煌与荣耀被无情的历史撕得七零八落。清朝一方面励精图治，开疆拓土，疆域面积不断扩大；另一方面，其后期积贫积弱，割地赔款，国家主权不断丧失。在外交上，朝贡体系进一步强化，万国来朝；与此同时，清朝后期被迫签订了一系列不平等条约，鸦片战争爆发，八国联军入侵，变成了一个半殖民地国家。从中国古代史的发展进程来看，清朝文化十分兴盛，是以农耕为主要生产方式的传统皇权社会最为兴盛的顶峰时期。但是，清朝统治者自满于曾经的天朝大国的历史文化，不能适应时代的变革，从顶峰坠落。当工业化、现代化的车轮滚滚向前的时刻，中国仍然沉浸在曾经的辉煌之中。但是，尽管历史非人所愿，清朝仍然为我们留下了许多极为宝贵的遗产。

清朝建立，健全政府机构，使国家治理逐渐完备；先后攻灭李自成的大顺、张献忠的大西，剿灭南明势力，后又削平割据的藩镇势力，收复台湾；抗击沙俄对中国的侵袭，签订《尼布楚条约》等，使统一的国家形态进一步巩固。鼓励开垦荒地，改革税制；重视科学技术，大兴文教德治，祭拜孔庙与明太祖孝陵，重视中原文化与汉族人士；大力发展农业与工商业。改革旧制，惩治腐败，重用洋务派推动洋务运动。设立总理各国事务衙门与北洋通商大臣，维新图存，推动国家的转型，出现了康乾盛世、同治中兴等兴盛时期。

清代是中国经济得到快速发展的时代。当时的中国仍然是世界上经济规模最大的国家。清朝统治者兴修水利，治理黄河、疏浚永定河、修筑江浙海塘，开垦荒地，人口与耕地面积不断扩增。同时，推广新作物，棉花的生产十分普遍，烟草引入后出现了许多生产地，桑蚕的养殖也得到了发展，在江南一带形成了新的生产中心。棉织业、丝织业、矿冶业、陶瓷业都很兴盛。纺织技术与制陶技术出现了新的提高，产品更为丰富。清后期，近代工业开始出现。

商业贸易也出现了新现象。一是出现了众多的工商业城镇：一些城镇的市场化程度非常高，具有行业性特点，如佛山镇专营丝绸，景德镇专营陶瓷。二是形成了全国的统一市场：交通运输的发展为商品流通带来便利，东北的大豆、高粱，沿海的海鲜产品可以在两三天内依靠传统海陆运输方式转运至全国各地，税制、币制、度量衡制得到进一步的统一，商品可以在全国各地销售。三是各大商帮在国内与海外的影响力加大，如晋商与徽商，支配了全国的金融业、物流业，业务拓展到了东南亚、欧洲等地，闽商、潮商等在海外贸易方面占有极为重要的地位。四是金融业得到了新的发展：在钱庄、印局、账局的基础上出现了可以异地汇兑的票号，如山西票号"汇通天下"，仅在国内就分布于近百个城市。

清代的科学技术也得到了新的发展。皇室组织了许多极为重要的工程。农业方面，由皇室主持编撰有一百多部农学及相关著作出现，如乾隆亲自主持的《钦定授时通考》流传非常广泛，此外还有《广群芳谱》《补农书》等。私人著述的农书也很多，如祁隽藻的《马首农言》等。在机械制造方面，我国已经能够制造眼镜、望远镜、温度计、钟表等，戴梓发明了连珠铳、冲天炮等火器，威力不凡。清末，中国交通得到新的发展。詹天佑主持修建了中国人自己设计的第一条铁路——京张铁路，制定了中国铁路的标准。他设计的人字形轨道具有突出的创造性意义。

在天文地理与数学领域，清代有非常重要的收获。康熙时组织了全国性大规模的地理测量与地图编绘工作，在全国设 600 余处经纬点，其规模之大世所罕见，各国不能比拟。在此基础上编制了《皇舆全览图》，这是我国运用近代科学测量法绘制的第一幅全国地图。乾隆还组织勘测队，先后两次对新疆进行地理测量，编制了《清乾隆内府舆图》《钦定皇舆西域图志》。此外还有《时宪书》《律历渊源》《历象考成后编》《仪象考成》等著作问世。

这一时期，科学家的个人著述也非常多。如王锡阐著《大统历法启蒙》《晓庵新法》《日月左右旋问答》《西历启蒙》等。梅文鼎毕生致力于复兴中国传统天文学与算学，推进中西天文学的结合，其所著《历学疑问》论述中西历法的异同，《古今历法通考》追述历代 70 余家历法，参阅西洋各家历法进行比较。在数学领域，他还著有《中西算学通》《方程论》《勾股举隅》等。明安图是杰出的蒙古族天文学家、数学家、地理测绘学家。他曾从康熙在皇宫听传教士讲授西方科技，并执掌钦天监事务，参与西北地理测绘与重要典籍的编撰、推算，著有《割圜密率捷法》，创立了割圆术，被称为"明氏新法"。康熙末年编撰的《数理精蕴》是一部总结性的数学著作。雍正继位后，对古代算学的整理堪注兴起。出现了李潢校注的《九章算术》，罗士琳所著的《四元玉鉴细草》等。传教士来到中国后，也传入了许多相关著作。如《数度衍》等。

在水利建设方面，组织力量对永定河、黄河、淮河、运河等开展了全面勘察，进行了有效治理。靳辅著有《治河方略》。陈潢改进了明代潘季驯"束水攻沙"理论，发明了"合流攻沙"法、"测水法"等，著有《河防述言》《河防摘要》等。栗毓美发明"抛砖筑坝"法，所筑河坝一直使用至上世纪中期，著有《栗勤公砖坝成案》等。崔维雅著有《河防刍议》等。

在医药领域，清时显现出进一步的成熟。乾隆时组织修撰《医宗金鉴》，这是一部介绍中医临床经验的重要著作。清时急性传染病的研究形成新的体系，即温病学，这是清代中医药学最重要的成就。王清任著有《医林改错》，强调解剖学对治疗的重要性。医学理论的研究方面出现了张志聪的《黄帝内经素问集注》等一系列著作。另外，尤怡的《伤寒贯珠集》、柯琴的《伤寒来苏集》、赵学敏的《本草纲目拾遗》等著作影响广泛。

清代出现了大量具有典范意义的建筑，如圆明园、颐和园、承德避暑山庄、布达拉宫以及清东陵、清西陵等，这些建筑是人类建筑史上最具代表性的杰作。另外，还出现了被称为"样式雷"的八代主持皇家建筑的雷氏家族，他们先后担任了包括皇家宫殿、园林、皇陵以及署衙、寺庙的设计。这些设计方案包括了投影图、正立面、侧立面、旋转图、等高线及工程细节、结构尺寸、施工进展等，还设计了按比例制作的建筑模型，被称为"烫样"。清代也出现了许多极具代表性的民间建筑，如山西祁县的乔家大院、郓县的梁家大院、榆次的常家庄园、灵石的王家大院、太谷的曹家大院等，这都是民间建筑的代表之作。

清代推行汉化，学习中原文化，以儒学为主，但又不是全盘照搬，而是保留了许多满族文化的特点。同时，西方文化的传入对中国社会也产生了重要影响。清初，所有施政文书均以满、汉两种文字发布，后逐渐被汉文替代。汉族经典成为满族人士的必修课。皇室成员特别是皇帝自身的刻苦学习，以及组织大规模的文化整理工程，如《四库全书》等，带动了中国社会对思想文化的重视。在世界风云变幻的大背景中，人们思考中国的未来之路，出现了许多重要的思想家、史学家、文学家、艺术家，使有清一代中国思想文化再一次表现出极为兴盛的态势。梁启超认为，清朝是中国的"文艺复兴时代"。

在明朝，宋明理学达至顶峰。但面对世界的变革、明晚期社会的混乱与政府的腐败，理学却难以解决这些问题。至清时，更多的学者关注如何使学术产生积极的现实意义，强调经世致用，提出各种改造社会振兴国运的思想。理学逐渐被新兴起的实学取代。如顾炎武就明确提出，以"实学"代替"理学"，他著有《日知录》《音学五书》等，其学说也逐渐发展成为乾嘉学派。另一位产生重要影响的思想家黄宗羲，被誉为是"中国思想启蒙之父"，著有《明儒学案》《宋元学案》等。他的《明夷待访录》对清末革命党影响很大，形成了浙东学派。王夫之是清代广有影响的思想家，他的学说发展成船山学，其著被后人汇编为《船山遗书》。他们三人是这一时期最杰出的思想家，被视为明末清初三大儒，并与方以智、朱舜水并称为清初五大师。至清中期，考据学取得了重要成就。出现了考据学派，代表人物有戴震等。章学诚提出了"六经皆史"，强调学术要有用于当下的社会变革。

清代也出现了一批"睁眼看世界"的思想家。龚自珍明确提出

"更法"的思想。魏源著有《海国图志》，主张师夷长技以制夷。冯桂芬提出要"以中国之伦常名教为原本，辅以诸国富强之术"。徐继畲著有《瀛环志略》，产生了极为重要的国际影响。康有为、梁启超等主张君主立宪，并推动维新运动，是中国变革时代最具影响力的思想家、改良主义者。

清代是中国学术大繁荣大兴盛的时代。在明代皇室主持收集整理典籍的基础上出现了更为浩大的收集整理工程。在语言学方面，历时六年编撰完成了《康熙字典》，共收入 47035 字，是我国第一部以字典命名的汉字辞书。另一部浩瀚伟大的丛书汇编是《四库全书》，历十年编成，共收书三千四百六十余种，七万九千三百余卷，为后世保存了丰富的文献资料。清时，多位皇帝热衷于诗词创作，提倡诗学，主导官修各种诗词汇编，先后出现了《御定全唐诗》《御选全唐诗》《御选宋金元明四朝诗》等。民间所编之诗歌汇集兴盛。孙洙编有《唐诗三百首》；万树整理了词调，汇编为《词律》；朱彝尊编选了《词综》。清圣祖敕命王奕清等汇编的《御定词谱》，为词调规律的集大成之作。在皇室主导下，还出现了《续文献通考》《续通志》《古文尚书疏证》等重要史作。

清代是史学极为兴盛的时代。王室设立明史馆，由张廷玉、万斯同等负责编撰《明史》。同时，史学理论也有了新的发展，考据学蔚为大观。惠栋著有《后汉书补注》；崔述著有《考信录》；杭世骏著有《史记考证》《经史质疑》等；谢启昆著有《西魏书》；洪亮吉著有《四史发伏》《西夏国志》等；毕沅组织编撰了《续资治通鉴》等。赵翼所著的《廿二史札记》、王鸣盛所著的《十七史商榷》、钱大昕所著的《二十二史考异》被称为清代三大史学名著。

这一时期，治学方法也发生了重要的变化。由于边疆危机出现，一批亲赴实地考证的地理学者关注舆地，逐渐形成了西北历史地理学派。其中，顾炎武著有《天下郡国利病书》，龚自珍著有《西域置行省议》《乌梁海表序》《青海志序》等，魏源著有《答人问西北边域书》等，阎若璩著有《四书释地》等。祁韵士被发配新疆后，进行了大量的实地考证，著有《藩部要略》《西陲要略》《万里行程记》等，他也是西北地理学派的奠基人之一。此外，还有不少学者也著书立说，不断扩充西北地理学派的知识积累。张穆著有《蒙古游牧记》《俄罗斯事补辑》《元裔表》等，赵翼著有《皇朝武功纪盛》，顾祖禹著有《读史方舆纪要》，徐松著有《西域水道记》《新疆识略》《〈汉书·西域传〉补注》等，何秋涛著有《朔方备乘》等。

清代，我国的文学艺术进入新的兴盛阶段。最具成就的是古典小说，出现了曹雪芹的伟大的文学作品《红楼梦》。长篇小说如吴敬梓的《儒林外史》、李绿园的《歧路灯》、石玉昆的《三侠五义》等影响广泛。短篇小说如蒲松龄的《聊斋志异》、纪晓岚的《阅微草堂笔记》、李渔的《无声戏》《十二楼》等极具影响。当时，出现了大量的史志小说、社会小说、讽刺小说、谴责小说、话本小说等，如《隋唐演义》《说岳全传》《醒世姻缘传》《镜花缘》《醉醒石》《老残游记》《官场现形记》以及《笑林广记》等流传颇广。

在诗歌领域，清初有钱谦益、吴伟业、王士祯等诗人。后有吴廷桢、蒋廷锡等"江左十五子"；袁枚、蒋士铨、赵翼组成的"江右三大家"。黄遵宪等发起"诗界革命"，强调诗歌对现实生活的反映。清末出现了陈三立、陈衍、沈曾植等为代表的"同光体"、祁隽藻等为代表的"宋诗派"。在诗歌理论方面，沈德潜的"格调说"、王士祯的"神韵说"、袁枚的"性灵说"、翁方纲的"肌理说"等影响较大。词显现出兴盛的态势，有"词学中兴"之势。纳兰性德与创立阳羡词派的陈维崧、创立浙西词派的朱彝尊并称为"清词三大家"。之后常州词派兴起。

清时，我国古典戏剧进入完备期。戏曲的种类不断出现，并演变出更具活力的剧种。京剧成为中国戏曲的标志，是我国传播最广、影响最大的剧种。戏曲自身形态进一步完善，生旦净末丑，唱念做打舞，表演程式、角色行当、唱腔曲牌等均已成熟。洪昇的《长生殿》、孔尚任的《桃花扇》是清代戏剧的巅峰之作。

绘画也有新的发展。文人画占据了主导地位，山水画与水墨写意画盛行。山水画中出现了王时敏、王翚、王鉴、王原祁"四王"为代表的"正统派"，恽寿平、邹一桂为代表的"常州画派"，清初"四僧"八大山人朱耷、石涛、渐江、"遗民派"的髡残，以及龚贤等"金陵八家"，郑板桥、金农等"扬州八怪"。这一时期，吴昌硕、居廉的仕女花鸟画也很有影响。杨柳青、桃花坞的民间年画极具特色。在书法方面，出现了以姜英、翁方纲等为代表的尊重传统又力求创新的"帖学"，以及康有为等从碑体入手而开创书风的"碑学"。

清朝也是一个中华民族意识进一步得到强化的时代。推行汉化，使满蒙各族的文化认同不断加强。平定准噶尔，恢复新疆一带的治理权，与俄罗斯划分疆域界限，在西南地区改土归流，设立驻藏大臣代表中央政府处理西藏事务，收复台湾等举措，使国家疆域得到巩固，奠定了现代中国的基本版图格局。各民族进一步团结。这一时期，朝贡体系仍然非常兴盛。

清朝在加强与亚洲各国交往联系的同时，与欧洲各国的联系也越来越多。一方面是西方传教士不断进入我国中原地区传教，一些传教士长期驻留北京及各地，在朝中任职，参与重要的经济文化与外交事务。另一方面是随着殖民体系的扩张，西方列强瓜分世界，争夺国际市场，以不同形式据有我国领土。随着一系列不平等条约的签订，中国主权被列强削弱，沦落为一个半殖民地国家。

但是，中华民族从来就不会屈从于任何强权。一代一代的中国人开始了民族复兴自强自救的奋斗。太平天国、洋务运动、戊戌变法、君主立宪等均以失败而告终。孙中山先生领导的辛亥革命推翻了数千年的封建君主专制统治。近代工业出现，工商业发展，现代教育形成，交通通信改善。虽然步履维艰，但希望之火不熄，奋斗之志不灭。

1921 年，中国共产党成立。之后，中华人民共和国的建立，不仅对中华民族的发展进步有着根本性意义，对人类的未来也将产生极为重要的影响。周邦虽旧，其命维新。中华文明，其命不衰，其运不竭。她不仅拥有辉煌璀璨的历史，也拥有奋发不已的现在，更拥有光明灿烂的未来。伟大的中华民族正在努力建设中华现代文明，将为人类和平发展的崇高事业做出新的更大的贡献。

读完后，请你用自己的话谈谈对以下知识点的理解。

16. 盛唐气象

17. 宋词元曲

18. 经世致用

第七章　中华文明的特性

> 　　曾经的四大古典文明，有的已经不复存在；所幸中华文明历经五千年仍屹立不倒，她总是以新的生命力激发每一个中华儿女的豪情信心。

　　上面我们粗略地回顾了中华文明的主要历程。应该说，那只是一个挂一漏万式的现象梳理，还缺乏全面、深入的分析介绍。在大致地了解之后，大家可能会问，我们的文明灿烂辉煌，一脉相承，那她最主要的特点是什么呢？下面就简单谈一下。

一、从未中断的连续性

　　按照通行的说法，人类最早的四大文明古国在距今五六千年的时候先后出现。随着时间的推移，古代两河文明、古埃及文明、古印度文明先后都消亡或断裂了。现在生活在这些地区的人们并不是当年创造古典文明的那些人的后裔，他们消失了。新来的人们重新开始在那里生活。这些人可能是雅利安人、阿拉伯人、希腊人等，但大多数不是那里的原住民。

如果人类创造的古典文明都中断了的话，人们就不可能看到文明形成以来，延续至今的形态是怎样的。这对人类来说是非常遗憾的，无可补救的。然而幸运的是，中华民族的先祖们创造的文明并没有中断。她从形成以来一直延续至今，仍然表现出欣欣向荣的景象。这是中华民族的幸运，更是人类的幸运。正因为有中华民族的存在，伟大的中华文明没有中断。人类才能够由此证明，自己确实经历了一个原生古典文明的时代，并通过中华文明了解到人类文明从形成之初连绵不断、延续至今的活态样式。

那么，为什么说我们中华文明是人类唯一没有中断的文明呢？她的连续性体现在哪里呢？

首先，我们谈一谈在中华大地上一直生活的是什么人。

可以说，在中华大地上生活的一直就是我们中华民族。那些创造了中华古典文明的人们，血脉相连，代代相传，直至今天。这是大家的普遍认同。这种认同也可以从我们的姓氏上找到证明。

按照流传下来的说法，华胥氏的后人有多个姓氏。其中的复姓如华胥、赫胥、伏羲、东方、陈锋等，单姓如伏、汝、宿、凤、柏、郝、毋、骞等。炎帝一系的姓有姜、吕、许、谢、纪、丘、齐、尚、左、薄、赖、申、向、文、骆、连、丁以及淳于、东郭等。黄帝一系的姓有姬、酉、祁、滕、任、荀、僖、依等。此外，还有马、万、卫、孔、毛、牛、王、白、冯、甘、宁、安、毕、吉、江、孙、冀、燕以及上官、公孙、公羊、司马、欧阳、拓跋、慕容等姓。比如姜太公，姓姜名尚，叫姜尚，他就是炎帝的后人。司马迁，他的姓是复姓"司马"，我们就知道他是黄帝一系的后人。

不过有朋友会问，一些少数民族，比如蒙古族、维吾尔族、藏族、回族等与汉族是什么关系呢？这个问题看起来很复杂，实际上也非常简单。我们在前面曾经谈到过，中华大地上生活的各族群呈现出多元一体的形态。具体来说，他们有很多区别，是"多元"的。但他们都认同文化意义上的"中华"与政权意义上的"中国"。在中华大地上生活的各民族有共同的文化认同、地域认同与历史认同。所以大家又是"一体"的。这就是中华民族多元一体的形态，包括以下几种情况。

一种情况是"外迁"现象。很多人从某一地方迁移到了另一地方，但是仍然保持了原住地的精神文化认同和生活习惯。特别是中原地带，由于比较富庶，人口越来越多，其中的一部分会向江南或偏远地带迁移。但他们仍然认为自己是中原人。比如现在，一个人从西安考到广州上大学，但仍然认为自己是西安人。这也就是为什么很多地方都说自己是伏羲的故里、炎帝的故乡、黄帝的出生地的原因。他们中的一部分人迁移到了另一个地方，但仍然视自己为原生族群的一分子。

另一种情况是文化认同现象。文化的认同是中华民族多元一体形态的重要特征。中华民族尽管强调血缘亲情，但并不是绝对的。除了血缘关系之外，还有一个更重要的现象是亲缘关系。就是只要对基本的文化价值有认同，就是一家人，就是一个族群。有一句俗话叫"远亲不如近邻"。远亲是有血缘关系的，近邻却没有血缘关系。为什么没有血缘的近邻更重要呢？因为他们处得好，经常见面，相互帮助，有一种文化认同，建立了超越血缘的亲缘关系。由此，历史上很多生活在边缘地带的人们也认同中华。这种现象非常普遍。

还有一个非常重要的情况是文化同化现象。一些人尽管并不是中原地区的人，甚至与中华民族也没有关系，但由于他们长期生活在中华地区，接受了中华文化、生活习俗，逐渐演变为中华民族的一分子。最典型的例子就是宋代迁到开封的以色列人群。他们在开封生活多年后，已经不会讲自己原来的语言，也不认识原来的文字，读不懂自己的经书，并且不去自己的教堂礼拜，不知道自己的祖先从什么地方而来。渐渐地，他们也认为自己是地道的开封人。

熟读史书的人们都知道，华夏是指位于中华核心地带、文明程度比较高、经济社会文化比较发达的地区。夷狄是指中原周边或地处偏远且经济、文化发展较差的区域。如果你本来是生活在偏远地区的人，但是接受了华夏的礼仪文化，你就是华夏人。如果你本来是在华夏地区生活的人，后来迁移到了偏远地区，接受了这些地区的文化礼仪习俗，你就不再是华夏之人，而是成了偏远地区的人。

在我国历史上，经常有非华夏政权的出现，带动了民族融合。有的甚至在中原建立了统领全国的政权。例如，鲜卑族群建立的北魏政权，蒙古族建立的元朝政权，以及女真族群建立的我国最后一个王朝清政权。表面上看，他们是非华夏或非汉族政权。但是，我们并不能说这是中华文明的中断。在这样的历史时期，中华文明仍然表现出强劲的活力。作为中华民族大家庭中的一员，这些非汉族政权仍然实行着中华社会治理的基本方法，采用中原的制度、礼仪、体制。同时，这些非汉族政权特别强调自己是炎黄之后、华夏之民，具有中华正统地位。他们认为自己掌握政权并不是另起炉灶，重打锣鼓另开张，而是中华历代王朝的正统继承者。

当然，人们也会特别关注人种的问题。尽管在中华传统文化中，这种血缘意义上的人种并不是问题，文化与价值认同才是问题。但根据考古学家做的分子考古学研究，发现契丹与鲜卑同源。而蒙古则源于"蒙兀室韦"。蒙兀室韦则源于汉代的鲜卑。这一研究结果与史籍记载是一致的。而建立了清政权的女真族群据说是古代东北亚地区的通古斯人后代。古代通古斯可能起源于黄河中游和部分下游地区。而史书上记载，女真起源于唐黑水靺鞨，兴盛时南达淮河、秦岭，与古代通古斯的起源地有所重合。因而，仅仅从人种的角度来看，在一些历史时期，中华文明的连续性虽然受到了冲击，但并没有中断。

第二个方面，我们从存留的实物形态来谈一谈这种连续性。

中华文明一个非常重要的特点就是具有突出的修史传承传统。据说，世界上最早的历史学著作诞生在中国。至少从周朝以来，历朝历代的历史著作不绝如缕。特别是各代王朝都把撰写前朝历史作为极其重要的工作职责，往往由王室主持汇编历史上的各类典籍。如周朝的《春秋》《左传》《战国策》《国语》，汉代的《史记》《汉书》，南朝刘宋时期的《后汉书》，唐代的《晋书》《北齐书》《隋书》，宋代的《新唐书》《资治通鉴》《太平寰宇记》，元代的《宋史》《辽史》《金史》，明代的《元史》《明实录》《永乐大典》《大明会典》，清代的《明史》以及《四库全书》《清朝文献通考》《清通典》《清通志》等。著名的"二十四史"就是古代各朝撰写的二十四部正史的总称。从这些浩如烟海的史籍记载来看，中华历史不仅源远流长、十分古老，而且脉络清晰，文化基因一脉相承。

近年来，考古学成就极为突出。通过对考古遗存的发掘研究，我们发现许多文化现象都可以证明这种不断裂的连续性。比如都城的建设，从可能是最早的尧都平阳的陶寺遗址到夏代二里头遗址，以及之后的长安、洛阳、北京等，都有对"中"的讲究和体现，比如都城的中轴线。再如"双城制""三城制"的城市规划形制也一直存在。历代的礼制在礼器上也有突出的体现。如"鼎"在历代都象征着国家权力。2001 年的时候，为庆祝西藏和平解放 50 周年，中央人民政府向西藏自治区赠送了"民族团结宝鼎"，象征着西藏各族人民是中华民族的重要组成部分，蕴含着民族团结、事业兴盛的寓意。除了"鼎"之外，诸如"玉圭"这样的礼器在考古发掘中也多有发现。

中华文明的连续性也典型地体现在自己的文字之中。就目前世界各地的文字来看，只有我们的汉字是从出现开始一直使用至今天的文字。据考古研究，至少在距今 8000 年的时候，出现了汉字的原始形态，就是我们通常所说的在陶器、玉器上面的刻划符号，如甘肃天水大地湾遗址、浙江余杭河姆渡遗址所出土的刻划符号。除此之外，还在浙江良渚遗址中发现了大量的刻划文字。陶寺遗址中发现了软笔朱书的文字。殷墟中的甲骨文是中华汉字的集大成者。

中国的汉字经历了从初期文字出现的原始阶段，到陶寺朱书的成熟阶段，再到殷墟的集大成阶段，至秦始皇统一六国实行"书同文"，进入了一个系统而稳定的状态。秦虽统一，但消化六国的步骤太快，所以并不稳定，二世即亡。之后，尽管不同地域、不同朝代在字形、字意、繁简等方面多有变化，但其象形特色、造字方法、基本含义都没有发生根本变化。今天的人们仍然能够读懂古人的文字。由于汉字的统一性，使不同地区的地域性语言得到了意义上的统一，增强了中华民族的文化认同感与凝聚力。

第三个方面，我们从价值形态来谈一谈连续性的问题。

价值认同是文化存在与否的重要标志。在漫长的劳动实践中，我们的民族形成了自己基本成套的价值体系。如中华文化中天人感应、敬天保民、大道之行、天下为公以及对"天""道"的体察认知与其他地区的人们是不一样的。在思维方式上，中华文化强调整体性、感悟性、联系性。在方法论层面，辩证、中庸、求道等"易""中""悟""和"是中华文化方法论的突出特征。在社会伦理层面，强调"仁""德""诚""礼""义""信"，在社会理想方面强调"天下""一统""大同""盛世""为公""民本"等。这些都是中华价值体系中最重要的范畴，是不论是哪一历史时期、历史朝代，都要遵循的价值观。

二、其命维新的创新性

也许有人会问，既然中华文明是人类古典文明中唯一没有中断的文明，具有突出的连续性，那原因是什么？这个问题要回答起来也不是一句两句就能说清楚的。但有一个非常重要的原因就是中华文明能够在历史的演进中根据实际情况不断地求新求变，发展进步。

有一句话大家都知道。这就是《大学》里说的："苟日新，日日新，又日新。"大概的意思就是，如果我们能够做到一天有新的收获，就应该能做到每天都有新收获，并且在这基础上继续取得新收获。由此可以看出来古人对"新"的态度。这段话是孔子的学生曾参说的。他强调的是人不能满足于已有的东西，要时刻反省自励，不断得到新收获、新体验，取得新变化、新进步。还有一句话叫"穷则变，变则通，通则久"，也是讲变革维新、与时俱进的道理。

这种求新图变的思维方式和追求新进的品格在我们民族的发展进程中有非常突出的体现。比如商代的开朝君主商汤，也就是成汤，就把这段话刻在自己的洗漱器具上，用来激励警示自己。商汤不能忍受夏朝末代君主夏桀的荒淫无道，兴起了"成汤革命"，夺取了夏桀的王权，以商代夏。他励精图治，变革旧政，使国家的实力得到了增强，人民的生活得以改善，是商代的明君。

正是我们的先人深刻地了解日新月异而无穷的道理，我们的民族才能自觉不断地学习新思想、探索新方法、创造新技能，使五千年文明一直保持着旺盛的生命活力。即使是在世界局势发生深刻变化，中华民族面临生死存亡挑战的时刻，仍然能够审时度势、顺时而变，改变自己、强大自己，焕发出生命的光华。这里我们举一些例子来说明。

据说，神农炎帝的时代是我国农业从采摘向种植过渡的时代。有传说记载，炎帝到处寻找可以食用的植物，一次又一次地进行种植实验，直至掌握了初步的种植规律。据流传在山西高平一带的说唱艺术"炎帝文书"中记载，"炎帝上了羊头山，井子坪处开荒田。籽种刮到石窝里，翻石倒土找不见。神蚁衔出籽一粒，才使籽种重见天。七种八种种成谷，除去毒液才能餐。娘娘将谷脱去皮，人才吃上小米饭"。这里说的"七种八种"，就是说要反复试验才能掌握种养技术，还要掌握给果实去掉皮壳来脱毒的技术人们才能放心食用。

但是，农业的发展并不是一朝一夕就可以完成的。在帝尧时代，出现了一位被后人誉为农神的人物。他就是尧时的农官弃，我们称他为后稷。他善于勘察土地，还能辨别农作物果实的好坏，知道什么样的果实在什么样的土地上可以生长得更好。从典籍的记载中我们知道，尧时，由于后稷的努力，我国农业生产又一次出现了极为重要的进步，那就是人们掌握了土地与农作物之间的关系，开始根据土壤选育优种。

周朝时，我国的农业生产再一次发生了巨大的进步。人们逐渐创新种植方式，出现了轮耕与间作现象。耕作工具也发生了变革，出现了铁制农具。今天，我国的农业生产充分利用现代科学技术，发展出灌溉、施肥、耕作、优种、收割、脱粒等许多新技术，不仅使我国的农业生产保持了高水平、高产量，而且增强了国家的实力，为中华民族的复兴奠定了坚实的基础。中华文明的发展进步，与我们的先人在农业生产方式上的不断探索、新变是分不开的。

大家都知道袁隆平院士。他是我国杂交水稻事业的开创者与领导者，被誉为"杂交水稻之父"。他创建了超级杂交水稻的技术体系，努力提高水稻产量，一生都在为解决中国人的吃饭问题与粮食安全问题而奋斗，被授予了"共和国勋章"。他的一生证明，一直以来，中国人并不满足于自己在农业发展方面已经取得的成就，而是不断探索、努力创新，开辟农业发展的新路径。

社会治理方式的变化也是中华文明不断创新的有力实证。炎黄时期已经有了负责各类事务的官员。如史籍记载说黄帝时已经有了负责春天事务的官员青云氏，负责夏天事务的官员叫缙云氏，负责秋天事务的官员叫白云氏，负责冬天事务的官员叫黑云氏。此外还有负责天、地、神、民、类物的官员，称为"五官"。这种社会治理模式的出现与那一时期社会结构相对简单，公共事务相对少有关。

尧时代，生产力得到了进一步的发展，社会的复杂性得以增加，社会管理形态也必须适应发展要求变革。这样，承担社会管理的官员就会增加。如出现了负责天文研究的官员羲氏与和氏，出现了负责各种事务的官员如四岳十二牧等。舜主政时就任命了一系列负责不同事务的官员。如任命后稷为稷官，负责农业；契为司徒，负责教化；皋陶为士官，负责刑法；夔为司乐，负责礼乐，等等。他们克明俊德，平章百姓，协和万邦，以"协和"的方式取得了人民的尊敬、各国的信任，形成了一个万邦为一、协调和合的治理形态。

之后，周武王、周成王先后进行了两次分土封侯，进一步完善了国家的治理体系。分封制也成为这一时期国家治理的主要模式。进入战国时期，以分土封侯为主的治理模式发生了变化。各诸侯国纷纷变法，激发了社会活力，终于建立了统一的中华国家体系。分封制转变为郡县制，各地不再是由王室通过分封治理，而是由中央政府任命郡县长官来治理。郡县制影响深远，是我国古代社会两千年来最重要的地方治理模式。

我们的先祖一直在探寻适合特定社会需求的治理方式。黄帝时期原始的治理模式，尧舜时期的"协和"模式，周时的分土封侯模式，战国时期出现的郡县制模式，都是顺应特定历史时期出现的社会治理方式。治理形态的新变是适应时代发展要求出现的，保证了社会秩序的有序稳定。

历史上很多问题都是在创新求变与守成僵化之间的矛盾斗争过程中形成的。明清时期，晋商起于盐、兴于茶、辉煌于票号，他们从专营食盐演变为经营茶叶为主的国际贸易，又开创了以票号为代表的金融借贷。在不断适应市场需求的新变中，晋商创造了纵横欧亚八千里，驰骋商界五百年的奇迹。我们的科学家从对季节变化的研究进而深入到对星象的研究以及宇宙本体的研究。在不断解决"天"与"人"的关系中创造了人类历史上最为领先的天文学成就。

在文学艺术领域，这种新变的特点尤为突出。从四言诗至五言诗至七言诗，从诗而词而曲而小说，文学体裁不断丰富，表现力不断增强。在艺术创作方面，汲取西域凹凸技法，采用西域染色技术，借鉴古希腊、古印度雕刻技艺，形成了中国石窟雕像艺术风格，丰富了中国绘画的表现手法。中华文明这种不断创新不断进步的特性是全方位的。变革创新对社会发展产生了极为重要的影响。诸如胡服骑射、商鞅变法、北魏改制等都是我们民族变法求新的经典故事。

不论是统一时期，还是分裂时期，我们的民族都能够积极地汲取其他文化中于我有益的成分，转化为自身的发展优势，为我所用。特别是在分裂时期，往往是非农耕的族群占据了优势。但我们能够革除沉弊，激发出除旧图新的动力，实现新的变革进步。这是中华文明之所以没有中断的重要原因，从根本上决定了我们的民族守正不守旧、尊古不复古的进取精神，决定了我们的民族不惧挑战，守正创新，勇于接受新事物的无畏品格。

三、天下一家的统一性

中华文明是一个追求国家统一的文明。统一性是中华文明最为突出的特性。之所以如此，是由中华民族的价值认知，特别是其宇宙观、人生观与社会观决定的。

在中华文明的价值认知中，天、地、人三者是统一的。所谓天，就是宇宙自然；地是宇宙自然中可养育人类的存在；而人则在天、地之中生存。这三者虽然各有区别，但又有更为重要的普遍性、共同性。这就是必须遵循"道"的法则。"道"反映了宇宙世界存在运行的本质。人不可能背离这一本质存在，必须统一在宇宙自然之道中。

我们所说的"天"，不仅仅是"天空"的意思，还体现了更为丰富深刻的含义，是整个宇宙存在的形象化表达。天下是人与宇宙世界发生联系的一种空间存在。天下与地上存在的一切事物——包括人、动物、植物等具有生命意义的事物，以及河流、海洋、湖泊，高山、丘陵、平原、沙漠等非生命存在都具有共同性。从天的角度来看，尽管这些存在各有差异，但共同性却是最重要的，他们都是宇宙自然的构成部分。

老子在《道德经》中说，人法地，地法天，天法道，道法自然。这就是对天、地、人共同性的深刻揭示。"人法地"，就是说人必须遵循地的法则；"地法天"就是说地要遵循天的法则；"天法道"就是说，天有自己存在的法则，要遵循这个法则，这个法则就是"道"；"道法自然"就是说，道是按照宇宙万物自然而然的法则存在的，并不是人为设定的，或者根据神的意志创造的。道如果不能体现这种自然而然的法则，就不是道。由此来看，不论是天、地、人，还是万事万物都有一个共同的特性，就是要遵循自然而然的道。

从上面的讨论中可以看到，我们的传统文化是非常强调事物存在的同一性的。但是，这并不是说它们之间就没有差别，是千人一面的。我们的传统文化没有这么简单、机械、僵化。它既强调宇宙万物的同一性，也承认它们之间的差异性。这就显现出中华传统文化务实辩证的精神。尽管人是宇宙自然中的一分子，但人与其他存在仍然是有区别的。人与人之间也是存在差异的。这就需要恰当地处理好人与人、人与社会、人与自然之间的关系。

要处理好这些关系，最根本的就是要认识到人并不是一种孤立的存在，而是一种与万事万物相互联系的存在。就人与人的关系而言，尽管不同的人有不同的特点，但人与人只有相互联系、扶持、合作，才能生活得更好更适宜。每个人的存在离不开他人的存在。人与人不仅存在差异性，还存在同一性。中华传统文化十分强调这种同一性。人是群体中的人，不可能脱离这种人与群体的联系，只有在这种联系中才能使自己的价值体现出来。

所以，中华文化特别强调个体的集体性，强调个人要为群体的利益承担责任。个人的努力、贡献要体现在群体的道义、利益之中。群体，或者说集体的力量越强大，个体的生存就越有保障，成就可能性就越大。在群体的利益面前，个体不能简单地强调自己的利益，而是要服从集体的利益。

中华传统文化中强调的另一个问题就是，人的存在也不可能脱离自己生存的自然条件和社会环境。大自然是养育人类的母体，是为人提供滋养的家园。人必须顺应自然的规律，尊重大自然、爱护大自然，才能生活得更好，更适宜，幸福感才会更强。如果人视大自然为自己的仆从，甚至是征服的对象，唯我独尊、自我中心，毫无节制地损害大自然，没有止境地向大自然索取，破坏了大自然存在运行的法则，那么，大自然也会把人视为对手、敌人，反过来报复人类，甚至毁灭人类。

大家都比较熟悉的科幻作家刘慈欣有一个小说就是表现这种人与宇宙自然关系的，叫《朝闻道》。小说写到人类的科技水平得到了飞快的发展，在地球上建了一个人类历史上最大的粒子加速器，可以环绕地球一周。人们非常自豪地名之为"爱因斯坦赤道"。应该说这是人类科技的伟大工程。但是，只在一夜之间，这条爱因斯坦赤道就消失了。原来是宇宙派出了自己的排险者，把这条爱因斯坦赤道给排除了。因为这个粒子加速器如果以最大的功率运行的话，就会产生接近宇宙大爆炸的能量，可能会引发宇宙的毁灭。

这个故事告诉我们，如果人类一意孤行，破坏自然，自然就会反过来排除这种"破坏"，消除可能引发的灾难。我们的传统文化对这种现象充满了警觉，认为人应该与大自然和谐相处。人虽然与大自然及其存在的万物有区别，但相互之间又是有联系、有共同性的。人是自然之子，是自然的一部分。人不能脱离自然而存在，也不能通过伤害自然来获取自身的利益，满足自己的欲望。

正是由于中华传统文化中这种源于人生根本意义上的价值追求，中华民族一直以来都在努力构建统一的天下国家形态。尧舜时期，人们最重视的就是对天象的观测研究，以掌握天的运行规律，敬授民时。在邦国林立、部族众多，治理体系还比较初级的时代，尧舜治理天下，宽容温和，思虑通达，发扬自己的才智与美德，明辨世上的善恶与美丑，使各邦国部族能够协调和顺，老百姓知道礼仪规矩，整个社会能够和谐运行。这一时期，尽管各邦国部族分布天下，但由于尧舜个人的才能与品德得到了四方人民的认可，他们所在的都城成为最有威望的地方。尧舜不是凭借权力、强力，而是凭借德行与才智得到了各地人民的拥戴、尊重，形成了一个"协和"式的万邦一统的社会形态。这也是我们最早的统一形态。

西周建立，周王室通过分土封侯，实行宗法制，完善礼乐制度，加强了中央政权对各地诸侯的制约统领。这种由分封而来的统一虽然还没有覆盖今天中国幅员的全部，各地也存在许多并不从事农耕的族群，但大体来看，周朝仍然是中华形成统一治理体系的早期时代。不论各诸侯国的实力强弱，他们都以周天子为尊。即使是那些实力强盛的诸侯国，也需要"挟天子"之威才能"令诸侯"。例如，晋国大力推行变革，重用士卿，终于导致韩、赵、魏三家分晋。但韩、赵、魏的诸侯名誉还是需要日渐式微的周王室来承认才名正言顺。

东周时代，礼乐制度逐渐崩溃，春秋五霸、战国七雄，相互征战，各逞其能。他们的目的就是要建立一个由自己主导的统一国家。其间，道家倡导要尊道，儒家倡导要仁政，墨家则要兼爱，法家则要变法。而纵横家则或者"连横"，或者"合纵"，纷纷提出了统一的方案。最终由秦国建立了统一的王朝，进一步奠定了中国传统社会统一国家的基础。之后虽然常有分裂的时代，但统一始终是中华民族的主旋律与不懈追求。中国人想象不出来如果不统一的话，国家是什么样子。

如果考察一下我们的国家处于分裂状态时人们在想什么、干什么，就会知道中华民族对统一是多么执着。不论什么时期，分裂的割据政权都认为自己是中华正统，是具有担当统一使命的政权。战国七雄，都有统一中华的雄心壮志。他们的目的就是实现中华的大一统。三国时代，曹魏认为自己是汉政权的延续，应该由自己来统一国家。刘蜀则认为自己是汉之后裔，有着血缘的正统地位，应该由自己来统一国家。偏居江南的孙吴政权虽然没有表现出更大的积极性，但并不认为自己是"另外"一个国家，反而觉得自己是中国的一部分，是最有实力统一的。之后出现的南北朝、五代十国、宋辽金，以及蒙古部族建立的元政权、女真部族建立的清政权都认为自己是中华的正统政权。不论是哪一个政权、哪一个族群、哪一个时代，统一是全体中华儿女的共同心愿。

再比如，今天的新疆，历史上多称为西域。根据考古研究，在距今3000年左右的时候，中原的文化已经影响到了这一带。在西汉时，中央政府在新疆乌垒，也就是今天的轮台县设立了西域都护府，标志着这一地区正式接受了中央王朝的管辖，纳入了中国的版图。

清时，左宗棠督办新疆事务，陆续收复了被阿古柏侵占的天山南北各地，并收回了伊犁等地。据说左宗棠出征伊犁时已经六十九岁，身患有病。为表收复故土的志向，他用车拉着棺材出征。其维护祖国领土完整的决心可见一斑。

一直以来，追求国家统一、维护民族团结，是世世代代中华民族的价值体现，从根本上决定了中华民族各民族文化融为一体，即使遭遇重大挫折也牢固凝聚，决定了国土不可分、国家不可乱、民族不可散、文明不可断的共同信念，决定了国家统一永远是中国的核心利益，决定了一个坚强统一的国家是各民族人民的命运所系。

四、海纳百川的包容性

中华文明不仅历史悠久，邈远深厚，而且宏阔博大，气象万千，表现出一种瑰丽璀璨之态。她具有旺盛的创造力与坚韧的生命力。无论在什么时候，面对什么挑战，都能够吸纳他人之精华，融汇百家之精髓，转化为自己的发展动力。这与中华文明具有坦然接纳、包容、吸收其他文化成果中于我有益成分的品格是分不开的。

《易经》中有这样的话："天行健，君子以自强不息；地势坤，君子以厚德载物。"就是说，天——宇宙运行合乎自然规律，刚健强劲，那些有高尚品德的人就应该奋发有为，不息不止。大地运行顺乎自然法则，养育万物，那些有高尚品德的人就应该有宽厚的德行，容纳承载万物。《尚书》也说道："有容，德乃大。"意思就是说，要有能够容纳别人的胸怀，才能受益，使自己的德行、胸怀、境界宏大起来。

中华民族的这种包容性源于其形成的历史文化基因。著名的考古学家苏秉琦先生曾经说过，在公元前2500～前1900年的晋南，来自四方的其他文化因素再次组合，产生了陶寺文化，并且奠定了"华夏"族群的根基。这里所说的晋南陶寺，正是华夏文明的形成之地。而华夏文明的形成，正是多种文化融合的结果。其中包括来自东北部的红山文化、北部的河曲文化、东部的良渚文化与大汶口文化等。这些不同文化从四面八方汇聚到当时的晋南地区，形成了陶寺文化，发展演化出华夏文明。可见，我们的文明从形成之初就是吸纳、融汇了多种文化形态，也因此决定了中华文化对其他文化的包容态度。中华文化这种包容特征表现在社会生活的各个方面。我们的先人不僵化，不排外，不自闭，总是持守开放、包容、吸纳的积极姿态，从他人身上发现并汲取于我有益的元素来充实壮大自己，增强自身的活力、创造力。

这种包容首先表现在不同人群的聚合中。举例而言，后稷是尧舜时期的农官，负责农业生产。他们本来就生活在华夏之地。后来他这一系离开了华夏，迁往北部游牧地带，就被视为非华夏的戎狄。再后来他们又向南迁移，重新返回了华夏地区，再一次以农耕为主要的生产方式。他们也由此被华夏重新接纳，又成为华夏的重要组成部分。经过数代人的艰苦奋斗，终于从一个殷商统治的属国演变为承接华夏大统的周王朝。

这就是说，从中原华夏地带迁出的人民，由于其表现出不同于华夏的生产生活特点，逐渐演变为非华夏的族群，被视为戎狄。但华夏之外偏远地区的人民在迁入华夏之后，与华夏地带的人民共同生产生活，又被视为华夏族群。中华历史上的民族演变大体就是按照这一规律进行的。商汤取代夏朝，夏的一部分人民迁移至北方草原，与当地的人民融合，演变为后来我们经常提到的匈奴。在汉朝末期，曹操多次把匈奴中南下进入中原的人民安置在华夏地带。这些人又逐渐地演化成为华夏人群。

我国历史上的分裂时期，往往是地方割据、非农耕族群建立政权的时期。如西晋灭亡之后，主要由匈奴、鲜卑、羯、氐、羌这五个非华夏族群建立的时间短暂的地方割据政权占据北方。他们最后都融入了华夏族群之中。其中的鲜卑政权北魏，统一了中国北部，也逐渐汉化。蒙古族群、女真族群先后建立了元、清政权。他们继承华夏正统，重视华夏治理制度，重用汉族人士，推行中原文化，也被不同程度地汉化。

这种包容也体现在中华社会的治理方略上。方略就是承认、尊重不同族群、不同文化的差异，但是这些族群要服从政府的管理。这实际上是中华社会治理一以贯之的特点。商汤克夏，并没有屠杀夏之民众，也没有对夏之贵族官员斩尽杀绝，而是把夏王桀与他的儿子流放。武王革命，建立周王朝，也不是把殷商贵族斩杀殆尽，而是把一部分迁移到了今天的西安一带；另一部分集中在殷商的旧都，并封商纣王之子武庚为诸侯，负责管理殷商旧民。周成王时，由周公主持进行了分土封侯，以巩固政权。受封者有周王室本姓贵族、有功之臣。但还有许多地方封给了殷商旧族。在社会治理方面，也非常强调尊重当地人民的习俗。如封叔虞于唐，周王室发布《唐诰》，要求叔虞要"启以夏政，疆以戎索"。大概的意思就是要用夏之风俗政教来开启唐地之民智，用戎人之制度规则来治理唐地。因为在唐地除了有从事农耕的族群外，还有"怀姓九族"，就是有大量的非农耕族群，他们有自己的生产生活习惯。《唐诰》的意思就是说，不要一概而论，而是要根据实际情况实事求是地进行治理。还有一个非常重要的原则就是要包容接纳这些非农耕人群。

历代中央政府往往根据不同时期的实际情况设置具有地域特点的政权机构。如汉时在西域建都护府，负责西域的行政军事事务，但是对西域各国的具体事务并不干涉，其国王、官员基本上沿袭旧制。唐时仍然在偏远地区设立羁縻府州。元时设立土司自治制度，至明时开始对这种制度进行改革。清时大力推行"改土归流"，改变土司的世袭制度，任命可以流动的官员负责当地事务，但可以将那些支持改土归流的地方人士如原来的土司、名士任命为相应的官员等等。这些治理方式都有推进民族融合、维护社会一统的目的。但其基础是承认并接纳这些地区的文化特点。

文化上的包容应该是最深刻的包容。中华文化的一个非常突出的特点就是不排斥外来文化，对外来的东西持积极接纳的态度。比如我们的绘画雕塑艺术，受外来影响很大。在南北朝时期，由古印度传入中原的晕染法，极大地影响了我国传统的绘画技法。以曹仲达为代表的绘画技法被称为"曹家样"。曹仲达是西域人士，所绘人物的衣服紧窄贴身，如同刚从水中捞出来一样，所以有"曹衣出水"的赞誉。这种技法对绘画、雕塑的影响很大，在云冈石窟、敦煌石窟、龙门石窟的造像艺术中体现得极为明显。

石窟艺术也是从西域犍陀罗地区逐渐传入我国的。犍陀罗艺术是深受古希腊文化影响的艺术形式，在公元一世纪时形成了融合古印度艺术风格的希腊式佛教艺术。后经帕米尔高原传入我国后，又吸收了草原艺术的元素，逐渐形成了具有中国特色的艺术样式。

在音乐艺术方面，许多乐器如唢呐、琵琶、箜篌、羯鼓、筚篥、胡笳等传入中原。许多西域乐曲、舞蹈在中原流传甚广。著名的如西域舞蹈《胡旋舞》《胡腾舞》《柘枝舞》等。唐代比较流行的乐舞还有《于阗乐》《悦般乐》《龟兹乐》《醉浑脱》等。白居易有一首叫《胡旋女》的诗，非常生动地描绘了西域艺术家跳《胡旋舞》的情形。诗中写道："胡旋女，胡旋女，心应弦，手应鼓，弦鼓一声双袖举，回雪飘摇转蓬舞。左旋右转不知疲，千匝万周无已时。"胡旋舞最突出的特点就是舞者在毡毯上不停地快速旋转。所以白居易说她"千匝万周无已时"，是转了千万圈了还没有停止的意思，属于夸张的写法。

　　文化的包容也表现在对不同文化思想意识的尊重与转化中。在春秋战国时期，我国出现了百家争鸣的文化形态。虽然各家分属于不同的学派，但是各学派之间并不是相互排斥对抗的，而是在相互的学习、借鉴之中形成了自己的观点。比如，儒家的代表人物孔子就多次向老子请教，要老子给他讲道。墨子本来是学习儒家思想的，但后来却对儒家的许多观点进行批判，创立了墨家学说。荀子是儒家后期最重要的代表人物，但也被认为是开启法家的思想家。他曾三次在齐国的稷下学宫担任祭酒，也就是类似于今天的校长之类的职务。但我们注意到稷下学宫并不是只招收儒家学派的学者，而是三教九流，容各家于一体。孔子的弟子卜子夏受魏文侯的邀请在西河讲学。但是他的学生中很多并不是儒家，而是推动变革的法家，以及纵横家与兵家。由此可以看出来，中华文化与其他文化非常不同的地方就是具有突出的包容性。正因为包容万物，才能汇百家于一体，化多样为一身，使自己强大起来。

　　佛教在西汉时传入我国，洛阳的白马寺就是当时兴建得最早的佛教寺庙。至唐时，随着禅宗的出现，佛教完成了中国化进程。佛教也成为中华传统文化中的一脉。人们常常以"儒、释、道"并称来代指中国文化。这里的"释"指的就是佛教。这也反映出中华文化具有强大的同化力量，能够在包容他人的同时，把不同的文化融为一体，使自己的文化不断发展、不断强盛。这种包容性从根本上决定了中华民族文化的历史取向，决定了中国各宗教信仰多元并存的和谐格局与对世界各文明兼收并蓄的开放胸怀。

五、以德服人的和平性

中华民族是世界上最热爱和平的民族。世界上因为有中华民族的存在，才少了很多的征战、攻伐，少了很多的血腥、残暴，有了更多的共处共生、互帮互助，有了人类能够实现理性交往的希望与可能。

社会生活中存在着各种不同地域、利益、生产方式的群体。他们的教养、习性、诉求各不相同，往往会形成矛盾。这种矛盾在激烈的时候就会发生冲突，爆发战争。我们的先祖认为，解决这些矛盾的根本方法，并不是依靠强力，而是要依靠道义与德行。德行决定了人的品质，决定了是追求个人或某一团体的私利，还是追求更广泛的人类共同利益。道义是维护社会正义的伦理基础。没有道义就会失去正义，失去"天理"，失去合理的社会秩序。而德行与道义的实现主要是依靠"和"。"和"不仅是处理人与人之间关系的价值依存，也是处理社会问题的价值理念，更是一种宇宙认知。

"和"是中华传统文化中极为重要的内涵。我们的先祖在长期的实践中感受到万事万物有其协调运转的机制。道家称其为道，因为它们形成了一种符合规律的运行状态。儒家则称其为和。

《道德经》中有一句话，说"万物负阴抱阳，冲气以为和"。就是说，宇宙存在的各种现象，都承载了阴阳二气，把它们控制协调起来，就达到了"和"的状态。在《中庸》中，也强调"致中和，天地位焉，万物育焉"。就是说，达到了"中和"的境界，也就是宇宙万物协调运行的状态，天与地就会各归其位，万物就会得到滋养孕育，具有了生命。

《论语》中记录了孔子的弟子有子的观点。有子认为，"礼之用，和为贵"。他强调"礼"的作用在于促进人与人之间的和睦。也就是说，要想到达相互和睦的状态，必须用礼来规范节制人的言行。

在处理社会问题，包括国与国之间的关系时，我们的先祖强调"和"。在《论语》中就记载了一个故事，说鲁国的季氏要讨伐颛臾。因为颛臾位高权重，城墙坚固，可能成为隐患。孔子却认为，讨伐颛臾是不对的。因为那些士大夫都有自己的封地，他们不怕自己的财富不多，怕的是分配不公平；不怕人口不多，怕的是社会不安定。如果财富分配公平合理，社会上就没有贫穷；上下和睦，就不担心人口稀少；社会安定了，国家就没有倾覆的危险。如果远方的人不来归顺，就要用仁德教化、礼乐感化，使他们归来臣服。他们来了之后就要让他们安定下来。现在远方的人们不来归顺，统治者却没有办法；国家混乱，人心离散，不能保持稳定，却要兴兵动武，干戈相向。

墨子是最反对使用武力征战的人。他不仅是一位伟大的思想家，也是一位成就颇巨的科学家、工程师与军事理论家。他提出了治理国家的十项主张，其中的"非攻""兼爱"最具影响。墨子希望人与人之间，特别是国与国之间应该"兼相爱""交相利"，而不是相互攻伐。人们如果互不相爱，势力强大的人或国家就会欺侮压榨势力弱小者。一旦人民不安定，社会不安稳，就会爆发战争。但是，战争并不能解决问题，反而会制造更多的问题，如人口死亡、国土零散、财富消耗，对社会造成极大的破坏。

墨子坚决反对不义的战争。他听说楚国要攻打宋国，就来到了楚国，劝说楚王不要发动战争。他还当场进行攻防推演，证明楚国若攻伐宋国必然失败。这件事本来与墨子本人没有什么关系，但他为了两国的安宁宁愿冒着生命危险长途跋涉跑到楚国说服楚王。

墨子并不是一味地反对战争。他认为战争有正义之战，也有非正义之战。如果发动对他国的侵略战争，就不是正义的。但如果对诸如夏桀、商纣王这样的无道残暴之君进行战争，就是正义的，符合道义的。我们的传统文化虽然反对战争，但并不是简单地否定战争。其核心就是要分辨战争的正义与否。著名的兵家代表人物吴起，就反对轻率地发动战争。他认为战争并不仅仅是一种军事行动，还是一种社会现象。要想取得战争的胜利，仅有军队是不够的，必须首先要"教百姓而亲万民"。也就是说，要教化百姓，让他们懂得道义，知道为什么打仗。要亲敬百姓，实施良政，得到民众的拥护支持。这与墨子"非攻""兼爱"的思想是很接近的。

中华传统文化也认为，人是有区别的，不可能只有同一性而没有差异性。所以中华文化中的"和"不是强求一律，只承认一致性而无视多样性。所谓的"和"，不仅仅指相互之间能够做到和睦平和，也指在基本原则上的共识，如坚持和平相处，己所不欲勿施于人，尊重他人、帮助他人等。在"和"之外，还存在"同"。所谓的"同"，也不仅是说同一、同样，更主要的是说要承认每个人、每个国家之间的差别，意识到文化、教养、风俗等方面的差异之处。在基本原则上要"和"，要成为命运与共的统一体，但在此之下，承认并尊重相互之间的差异。这就是"和而不同"。承认了差异性，才能更好地实现同一性，做到"和"。

孔子在《论语》中就说，"君子和而不同，小人同而不和"。道德高尚的人承认人与人之间的差异，承认相互之间存在不同，并对这种不同表示尊重。但是在此之上要有共同的原则、目标、价值观。而那些道德低劣品性不好的人，只是表现出形式上的相同，只强调掩盖了差异的相同之处，但在基本原则与目标、价值观上却不能达成一致。

尧舜时代，邦国林立。这些远古时期的"国家"相互之间没有今天意义上的行政统属关系。但是各国都非常尊重尧舜所在的陶唐古国。这并不是因为陶唐古国的军事力量强大，而是因为尧舜能够"协和万邦"。这里的"协和"不是依靠强力来维持自己的地位，而是依靠君王自己的道德人格。

十五世纪被认为是人类大航海的时代，其标志是哥伦布"发现"了新大陆——美洲大陆。从那时开始，欧洲航海家开发出了许多新的航线，在所到之处建立了自己的殖民地，通过武力开展贸易，包括奴隶贸易。实际上，大航海时代应该是郑和开启的。在 1405 年，郑和开始了七下西洋的壮举，比哥伦布要早将近九十年。虽然一般认为郑和只是从太平洋进入了印度洋，与沿岸国家建立了联系。我们要注意到，郑和的大航海是以宣扬国威为目的的，他没有建立任何一个殖民地，只是与所到之国建立了良好的联系。许多国家由此进一步认识到了中国的繁荣兴盛，并与中国通好。

从大航海时代以来，欧洲国家对世界的整体有了较为全面的了解。先发的老牌帝国主义国家如葡萄牙、西班牙等率先在全球各地建立殖民地。之后的荷兰、英国、法国等也建立了许多殖民地。特别是英国，由于其殖民地遍布全球，被称为"日不落帝国"。这种现象一直延续至第二次世界大战结束，殖民体系才开始解体。直至今天，这种殖民地的影响依然存在。

与此同时，中国由来已久的朝贡体系在明清时期再一次达至全盛期。但殖民与朝贡这两种世界秩序体系是完全不同的。殖民体系是通过武力控制被殖民地的主权，并掠夺其人民、土地、财富。而朝贡体系则是通过宣扬德威建立一种文化上的共同体。朝贡国只需要承认中国为名义上的宗主国即可，并不需要承担任何政治、经济与文化等方面的义务。

中华传统文化强调和平，强调协和，反对武力，反对战争，但并不等于我们的民族畏武惧战。事实上，我们不仅有杰出的军事家、军事理论，还有驰骋疆场、纵横捭阖的战神武将。他们出将入相，保家卫国，守护着中华民族的家园。我们强调以礼仪教化与文明繁盛来同化那些不同文化的人们，并不依靠武力去掠夺别人的土地、人民、财富。但是，在不得已的情况下也会毫无畏惧地奔赴沙场，捍卫道义，保护自己的家园。

大致来说，发生在中国的战争，主要有这样几个类别。一种是推翻失道统治者的战争，如商汤克夏桀，周武王克商等。其中也有不同时期的执政者暴虐无道引发了民众起义的战争，如陈胜吴广起义等。

另一种是遭遇外敌而奋起抗击。如从战国以来，匈奴一直觊觎中原的财富，屡屡南下侵袭。从生活的区域来看，由于游牧地带常常会受到干旱、寒冷等自然灾害的侵袭，这时的草原族群往往会南下中原，掠取财富，引发战争。此时，涌现出一批杰出的军事家，如著名的卫青、霍去病就七袭匈奴，把他们赶到了大漠深处。

还有一种情况就是维护社会秩序。如丝绸之路本来是一条和平繁荣之路。但诸如匈奴、突厥、柔然等草原族群为了自身利益，常以武力来抢夺丝路的控制权。他们在控制丝路之后并不去维护保障丝路的通畅，而是以劫掠丝路商人的财物为常事。他们控制的西域国家，屈服于军事高压，常有袭杀中央政府使者、官员与商人的事件发生。所以中央政府就要发兵征讨，夺回丝路的控制权，保证丝路的安全畅通。再如荷兰人占据我国的宝岛台湾后，郑成功跨海征伐，赶走了荷兰人，恢复了台湾的正常秩序，台湾的主权也重新回到了祖国。

我们的民族重视协和、热爱和平，追求道义，强调合作，视天下为一家，视各地人民为休戚与共、命运相连的共同体。中华文明之花，璀璨迷人地盛开在人类文明的花海之中，熠熠生辉，日日常青，娇艳动人。

读完后，请你用自己的话谈谈对以下知识点的理解。

19. 二十四史

20. 兼爱非攻

21. 大航海时代

22. 丝绸之路

第八章　做一个堂堂正正的中国人

　　古人常言，要修身齐家，才能治国平天下。大道既行，天下为公。养浩然之气，才能做一个堂堂正正的中国人。

　　我们的文明是伟大的文明，是对人类做出伟大贡献的文明。我们为拥有这样的文明而骄傲、自豪。今天，我们的使命就是要为中华民族建设现代文明，为实现伟大复兴做出积极贡献。

一、中华传统文化中的人格理想

　　我们知道，文明是由人创造的，离不开每一个人的努力。那么，我们文明中的理想人格是什么呢？下面就和大家谈谈这个话题。

　　我们常说到的一个词就是"圣人"。通常情况下，圣人指的是那些道德高尚、智慧超绝、能力非凡的人。但是也有一些其他的说法，比如"亚圣"。亚圣就是说虽然还达不到圣人的境界，但比较接近圣人的境界。如《孟子》中提到的子夏、子游、子张这几个人，他们都是孔子的亲传弟子。虽然德行品性、智慧能力不能与孔子比，不能算是圣人，但在某一方面与圣人一样，"有圣人之一体"。还有一种情况是某专业领域的"圣"。如"武圣"关羽，"酒圣"杜康，"诗圣"杜甫，"医圣"张仲景，"书圣"王羲之，"画圣"吴道子，"茶圣"陆羽等。他们虽然还不能算是圣人，但在某一领域做出了超乎他人的贡献，就被称为某方面的"圣"。总之，"圣"在中华文化中具有至高的地位。

每个人的天资、品行、机遇，以及成长的环境不同，不可能都成为圣人。但我们的传统文化认为，只要你努力精进，向上向善，就有这样的可能。所谓人人皆可成圣贤。按照孔子的说法，人有"五仪"，就是有五个层次。我们每个人都在某一人格层面上生活。如果你有提升自己的自觉性，就可以通过努力达到更高层面的人格境界。这"五仪"，从低到高分别是庸人、士人、君子、贤人、圣人，是一个逐步提高的阶梯状态。这里我们就介绍一下它们的特点。

大家可能读过一首尧时代的诗，叫《击壤歌》。"日出而作，日入而息。凿井而饮，耕田而食。帝力于我何有哉！"这里的帝指的就是尧帝。"帝力于我何有哉"就是说，尧帝已经把事情办得很好了，方方面面都按照天地之道正常运转。尧为治理好当时的社会做了大量顺应天道民心的工作，从不背天扰民。但是，对他的这些努力，老百姓是不知道的。典籍中也记载尧到处走访，查看民情，寻访贤人，但他从来不兴师动众。这应该也是尧被视为"圣人"的原因。

像尧这样的人肯定是不多的。一般人也难以达到圣人的境界。如果我们做不了圣人，是不是就对提升自己的人格失望甚或绝望了呢？不是的。我们的传统文化从来都是充满人情意味的。它总是要给人指出可能的通道。假如你做不成圣人，还可以做贤人。

那什么样子的人就是贤人呢？孔子认为，贤人具有高尚的品德，从来不做违背规矩、扰乱纲纪的事情。他们总是按照事物的规律、社会的礼法来说话办事。他们所说的话，可以让天下的人来效法，却不会因此招来灾祸。即使他们很富有，也不会有人怨恨，反而会认为这是应该的。他们一旦向天下施恩，天下的人就不会贫困。孔子说的贤人，有崇高的德行、非凡的智慧与卓越的能力。

由此来看，要做一个贤人也不是那么容易的。如果做不了贤人，也不要自暴自弃，而是要不断努力，争取做一个君子。

什么样子的人就是君子呢？孔子认为，君子就是言与心是一致的人，说出来的话就是自己内心的认知感受，绝不会口是心非、心口不一。君子具有常人没有的美德，但是从来不会因此而自夸自傲，表现出了不起的样子。他们总是能够找到解决问题的办法，思维顺达，思想明亮。在说话的时候不会严词厉色、咄咄逼人，而是语气委婉、神色诚恳。他们勤奋努力，忠信大道，从不气馁，通过不断的实践、学习来使自己强大。他们谦和恭敬的样子好像很容易超越，可一般人总是达不到这种境界。

这样来看，君子的特点首先是具有高尚的品德；其次是自强不息；再次是非常通达，能够做实事。这样的人看起来普普通通，但一般人还难以超越他们。实际上，要达到君子的境界也不是一件容易的事。

如果连君子的境界也达不到，该怎么办呢？孔子认为，还有一种人也是很好的。这就是士人。士人就是内心有明确的追求、原则，不会随波逐流、浑浑噩噩的人。他们虽然没有掌握天道的根本，不会把事情做得那么周到完美，但仍然会坚持自己的操守、原则，不会失去底线。他们的知识见闻也不一定多，但不论说话办事都有自审自省的精神，不会固执己见、自以为是。一旦认定是正确的、合适的，他们就会坚持下去。面对富贵贫贱的考验，也不会改变初衷。这样的人就是士人。

孔子说的士人是人格缺陷比较明显的人。但他们有底线、有志向、有追求，有做人的原则，能够认识到自己的不足并努力改正。这样的人是能够干实事的人。实际上，生活中的大多数人都是有不足的。但问题不是自己是否完美，而是能不能做出正确的选择，并坚持下来。如果自己的缺陷很多，还认识不到，就连士人的境界也达不到。这种人就被称为庸人。

孔子认为的庸人，就是内心没有谨慎做人的态度的人。他们只想得到一时的好处，不看长远的未来。他们说不出什么有道理的见解，只会随口乱说，言不及义而毫不知觉。与人交往不去接触那些品德高尚的人，而是喜欢交狐朋狗友、鸡鸣狗盗之徒。做事也没有原则规矩，喜欢赶时髦、追大流，总是小处清楚大处糊涂，把小利看得很重，弄不清楚自己到底要干什么。这样的人虽然并不是主观上要做什么坏事，但客观上对人生没有正确的选择，也没有什么学识见解，总是想着天上给自己掉馅饼。一旦达不到目的，他不去反思自己哪里有问题，而是埋怨别人对自己不好，怨天尤人，牢骚满腹。不过，即使是庸人，他的为人处世还基本在礼法的范围内。只是由于心智低弱，境界不高，能力不足，总是处于一种被动纠结的状态。

实际上在庸人之下，还有人们常说的小人。孔子就说过"君子喻于义，小人喻于利"，"君子坦荡荡，小人长戚戚"。这里的小人并不属于人之五仪的序列，但却是一个与君子相对的概念。小人就是那些没有高尚的品德，只追逐个人私利的人。他们表面上看好像与人相处得很好，实际上在利益面前只有自己，没有他人，会舍弃朋友与道义。因此，那些无道无义，充满负能量的人就是小人。如果背离社会道德伦理，甚至违法犯纪，触犯刑律，就会成为犯人，受到法律的惩罚。

老子在《道德经》指出，"修之于身，其德乃真"。做人要不断地加强自身的修养，才能体现出真正的德。儒家尤其强调个人内心世界的养成，提出做人要经常自我反思，"吾日三省吾身"，不能自以为是，老是把问题、责任推给别人。孔子说，要"见贤思齐焉，见不贤而内自省也"。遇到那些贤能的人，要想一想怎样才能和人家一样。看到那些品行不好的人也不要自以为是，而是要自我反省，看自己是不是也有同样的问题存在。孟子有一句非常有名的话，说"吾善养吾浩然之气"。养浩然之气，不是一个简单的事，而是要通过内心世界的修养，使我们能够有高尚的情怀、正确的志向，进而坚守信仰、实现理想。

除了提升内心世界的修养外，人还要积极主动地学习，以获得知识、见识、阅历，提高德行、本领。所谓学习，有两个方面的含义。一方面是"学"，通过学来掌握自己不知道的东西；另一方面是"习"，就是练习，或者说实践。通过实践把学到的东西变成服务社会的能力。孔子说"学而时习之，不亦说乎"？就是说，学到了知识、本领，并不断地把这些学到的东西运用到实践之中，不是很快乐很幸福的事情吗？正如陆游所言："纸上得来终觉浅，绝知此事要躬行。"

二、中华传统文化中个人与社会的关系

那么，想要成为圣贤之人，要干什么？这是一个非常重要的话题。我们的传统文化对此有很多精彩的论述。比如《大学》中就说，"古之欲明明德于天下者，先治其国；欲治其国者，先齐其家；欲齐其家者，先修其身……，身修而后家齐，家齐而后国治，国治而后天下平"。个人的修养提升并不仅仅是个人的事，而是与国家的兴衰密切相连。修身的最高目标是要天下得到太平。

天下之所以能够"平"，就是因为光明正大、中正高尚的德被"明"，被天下的人民所了解、认同、践行。这样国家就能得到很好的治理。想要治理好国家，要先治理好家庭，或者说治理好一个个家族，使族人的思想行为得到很好的教化。想要治理好家庭，就要落实到个人，让个人也有很好的修养。从个人到家族，再到国家，再到天下，是一个逐步扩大的以人为中心的同心圆。通过修身、齐家、治国，最终实现平天下的目标。在我们的先贤看来，个人并不是单个的人，他与家族、国家、天下有着密切的关系。

个人的修养不好，德行不正，家族就很难"齐"。而家族不好，伦理不立，长幼无序，就会影响国家的治理。国家治理不好，天下就不会平安稳定。所以我们每个人都不能仅仅从自己的角度来看问题，应该时刻意识到，自己也是家族、国家的一部分。梁启超先生在《少年中国说》中就充满激情地呼唤："少年智则国智，少年富则国富，少年强则国强，少年独立则国独立，少年自由则国自由，少年进步则国进步，少年胜于欧洲则国胜于欧洲，少年雄于地球则国雄于地球。"

提高个人的修养是为了服务社会、服务他人，而不是为了自己获取利益财富。每个人都应该确立为社会、为他人的高尚品格。孟子就说过这样的话："老吾老，以及人之老；幼吾幼，以及人之幼。"就是说要像对待自己的长者那样对待别人的长者，像对待自己的孩子那样对待别人的孩子。"乐民之乐者，民亦乐其乐；忧民之忧者，民亦忧其忧。乐以天下，忧以天下，然而不王者，未之有也。"你以老百姓的快乐为快乐，忧愁为忧愁，那么老百姓就会以你的快乐为快乐、以你的忧愁为忧愁。你的快乐、忧愁都是因为天下老百姓而来，那就一定会治理好国家。从这些论述中可以看到，中华圣贤强调的是国家、社会、人民，而不是个人的一己之欢、一私之利。

在实现社会理想的过程中，会遇到各种各样的困难，遭受各种各样的考验。所以要养成能够迎接挑战、战胜困难的精神力量。孟子告诉我们，"天将降大任于是人也，必先苦其心志，劳其筋骨，饿其体肤，空乏其身，行拂乱其所为，所以动心忍性，曾益其所不能"。上天将要把重大的使命交付给一个人的时候，必然会使他的心灵、情感遭受困苦，使他的筋骨受到劳累，使他的身体与肌肤得不到很好的滋养，使他陷入穷困之中，扰乱他正常的生活。也正因此，他的内心受到了触动，性情变得坚韧而执着。很多不会做、不能做的事情都有了解决的办法。

所以，"士不可以不弘毅，任重而道远"。士，就是说那些有志向的人，要树立、弘扬坚毅果敢、不怕困难、百折不挠的精神。因为我们的任务艰巨、使命重大，要走的路很遥远、很漫长。如果没有"毅"这样一种精神状态，就会被困难吓倒，失去走向远方的精神力量。《易经》里面就谈到，"天行健，君子以自强不息；地势坤，君子以厚德载物"。这就是说宇宙自然的运行机制很正常、很强健，君子就应该承担使命，使自己不断地提高，不断进步。大地能够养育万物百姓，君子就应该像土地一样，使自己的德行不断增强，以承载万物的生长。自强不息与厚德载物就是我们中华人格的典型表述。

我们的中华文化有很多极为重要的范畴，是我们做人做事的价值遵循。诸如天、道、中、和、仁、德、礼、乐、勤、俭、孝、义等。这里我们简单介绍一下。

我们首先谈一下天与道对人的决定性影响。这是中华文化最重要的特点。我们的先祖体认到，人的劳动生活并不是人自己的事，也不是人自己能够决定的。世界上还存在着一种更宏阔、更具有根本性的力量。这就是天——宇宙自然。人不能随意任性地决定自己要做什么。必须了解、把握天的存在规律才能使自己的行为有效，达到期望的效果。

比如宋代著名的诗人陆游就有一首叫《时雨》的诗。其中写道："时雨及芒种，四野皆插秧。"在芒种这个节气到来的时候，老天下了及时雨，四处田野里的人们都在插秧种地。这就是说，粮食并不是你想种就可以种，而是季节到了才能种。我们的先祖认识到了自然与人之间的关系，知道了大自然有自己的运行规律。而人正是大自然中的一个部分、一种存在，所以人必须遵循大自然的法则。

那么大自然的变化我们怎样才能知道呢？比如什么时候才会下雨呢？它是有一定的条件与规律的。我们的先民在实践中积累了认知这种规律的办法。比如，根据风的方向、大小，云的形状、颜色以及河水的形态、空气中湿气的含量，甚至动物的活动情况就能够感知。我们的谚语中就有很多是关于下雨的。例如，"天上钩钩云，地上雨淋淋"，"蚂蚁搬家，必有雨下"，"云从东南涨，有雨不过晌"，等等。这样来看，我们的先人每个人都是天文学家，都是气象的观测者、预报者。他们掌握了自然的某种规律，是理解并掌握"道"的民族。"道"体现的是宇宙自然的必然性、协调性。

我们的民族也是一个与天相通的民族，是一个守护天理、遵循天道的民族。我们不会自以为是、自大自狂、目空一切。我们不仅尊重自己的祖先、兄长、同胞、朋友，更尊重包容我们、养育我们的宇宙自然——天。在中国人的思维与行事方式中，总是要不自觉地把自己的所思所想与自然之道统一起来。从天道自然出发是中华民族精神世界的突出特点。

举例来说，在我们的诗歌中往往不自觉地表现出诗人的自然观。比如送别朋友，不是写作者多么伤感思念，而是从自然景观的反衬来抒发情感。王维在《送元二使安西》一诗中就写道："渭城朝雨浥清尘，客舍青青柳色新。劝君更尽一杯酒，西出阳关无故人。"这里，那些朝雨、柳色等自然现象是人的情感的外在表达。司马迁在谈他写

《史记》的想法时曾说，要"究天人之际，通古今之变，成一家之言"。虽然这是一部历史著作，但作者并不仅仅是为了记录历史，而是要探究天，也就是宇宙自然与人之间的关系，然后才是要通过对历史的记录来弄清时代变化的规律。这个变化规律也并不仅仅是人事变化、朝代更迭，也包含着天人关系。

要在复杂的差异之中寻找到人与万物相处共生之处，就要求我们抛开个人的私欲，从整体、大局、共同利益的层面来思考问题、处理问题，要求我们每个人都要有很好的人格品性。这种人格体现的就是"仁"。那什么是仁呢？在不同的场合，人们有不同的解释。如《礼记》中就说道，"仁者，可以观其爱焉"。"仁"就是"爱"。韩非子也说道，"仁者，谓其中心欣然爱人也"。一个人如果具有仁这种品格，就会非常自然地、发自内心地爱他人、爱自然。

孔子对"仁"有很多论述。他非常明确地说，"仁者，爱人"。所谓仁，就是对人的爱。他还说"克己复礼为仁"。人要克制自己的欲望、私利，以恢复社会本来有的"礼"，也就是秩序，这就是"仁"的表现。反过来说，人不能把自己的私欲利益放在首位，而是要遵循维护社会生活的正常礼制。这就是说，人不能只强调自我，要更多地从他人、社会的角度来考虑问题、处理问题，要推己及人。

今天来看，礼是一种约定俗成，是一种个人修养。但我们的先祖还认为，礼也是一种制度，是一种带有强制性的社会规范，大家都得遵守。如《周礼》就非常详细完备地记录了不同条件下的礼制，是对社会秩序的一种规定，大家都得按这种规定来做事。我们说中国是"礼仪之邦"，主要就是从历代礼制体系的建立与完善来说的。

礼制的意义就在于对整个社会，当然也包括个人行为的规范化。它从积极的层面告诉人们在什么时候应该如何，加强了个人的人格养成与社会的有序性。其中相当多的内容是人们必须遵循的，带有强制性。这与我们通常意义上说的"法"有类似的地方，或者也可以说是"法"的另一种表现。实际上，在历代的"礼制"中也包含了法的内容，规定违反了某种礼制之后将要承担的责任。随着社会活动的复杂化，仅仅依靠礼制还是不够的，还需要从其他层面来制约人们的活动，规定什么样的事是不可以做的。如果做的话就会受到什么样的惩罚。这就是法。

一个人努力提升自己的教养，遵礼守法，仁爱他人，就有了"德"。德体现的是大自然运行规律的要求，或者说"道"的要求，是人能够顺应大自然与社会客观规律的行为。如果一个人的行为能体现这种道的要求，就是有德。后来人们把道与德两个字组合起来，出现了"道德"这个概念。也就是说，按照自然之道的要求、规律来为人做事，就是有德的。所谓提升自己的道德水准，就是强调要提升自己认识自然规律、把握自然规律，并按照这些规律来行事的能力。我们的先贤对"德"做了许多论述。如孔子在《论语》中就提出了"温、良、恭、俭、让"五种德的说法。《孙子兵法》中特别提出了将帅的五德是"智、信、仁、勇、严"。东汉许慎所著的《说文解字》用玉的品性来讨论人的五德，认为是"仁、义、智、勇、洁"。尽管他们说得各有不同，但大体来看都是强调人应该具有美好的、积极向上的品格。

在我们的传统文化中，"义"也是一个非常重要的范畴。它往往被赋予正派、公正、正当、正直等含义，指的是超越私利之上的道义追求。所以孔子说"君子喻于义，小人喻于利"。那些品格高尚的人，追求的是义，所以与他们讨论问题的时候，说的是道义。而小人只关心自己的利益，追求的是私利。所以与小人讨论问题的时候只能从个人利益的层面来说。在我们的传统文化中，尚义、求义是崇高的追求。那些品德高尚的人，为了"义"可以牺牲自己的利益，乃至生命。

孟子就说过，"生，亦我所欲也；义，亦我所欲也。二者不可兼得，舍生而取义者也"。这句话的意思是生命是我想得到的，但道义也是我想得到的。如果这二者不可能都得到的话，我一定是放弃自己的生命而要得到道义。孔子也说，"朝闻道，夕死可矣"。这句话是说，人在太阳升起的时候懂得了"道"，让他在太阳降落的时候去死也是可以的，是不枉一生的。"不义而富且贵，于我如浮云"则告诉我们，以不合道义的手段使自己富起来，得到高官厚禄，对我来说就如同浮云一样，是不需要的。

《论语》中记录了孔子讲的一个故事，说他的学生颜回，吃的是简陋的饭食，住的是简陋的屋子。这种清苦的生活别人不能忍受，但是颜回却不改他在贫困的生活条件下，热爱学习求知求道的追求，并因此感到快乐幸福。孔子感慨地说，这是多么贤德的人啊！颜回之所以受到孔子的称赞，是因为他勤于学业，不改其志的品格。由此可知，树立远大的志向，不在意物质条件的好坏，专心致志、兢兢业业地努力，这些都是先贤们赞誉的品格。

与勤相关的一种品格就是"俭"。俭是我们中华传统文化中十分重要的理念，不仅体现在日常生活中，也体现在我们民族的哲学理念、思维方式、文字表达与审美追求上。我们先祖追求的理想生活并不是穷奢极欲、奢侈华靡，而是简简单单，这里的"俭"强调的就是要爱惜物力，不能奢侈浪费。

在我们中华传统文化中，关于如何加强个人精神世界的修养，做一个深明大义的人，有益于社会的人，一个堂堂正正的中国人，有很多精辟的论述。总体来看，我们的文化强调个人的行为要遵循天道，个人的存在要与他人、社会联系起来，不能简单地强调自己的欲望、利益。所以孟子说，天下之本在国，国之本在家，家之本在身。这就是说，每个人都很重要，是家、国、天下的组成部分，都要为此承担个人的责任。个人的品性、修养如何决定了家、国、天下的齐、治与平。

三、中华传统文化的理想社会形态

既然每个人都要为社会负责，那么，理想的社会是怎样的呢？什么样的社会才能使人的价值得以实现，人民过上幸福美满的生活？下面我们就简单谈一下这个问题。

老子在《道德经》的最后谈到了他所设想的一种理想社会形态："小国寡民。使有什伯之器而不用；使民重死而不远徙；虽有舟舆，无所乘之；虽有甲兵，无所陈之。使民复结绳而用之。甘其食，美其服，安其居，乐其俗。邻国相望，鸡犬之声相闻，民至老死，不相往来。"

这里的意思是说，老子所希望的理想社会总体来看是国家比较小，人口也比较少，所以叫做"小国寡民"。在这样的社会形态中，虽然有很多工具，但人们都用不着。例如，人们因看重生死而不愿长途跋涉，所以没有人乘坐车、船等交通工具；虽然有锋利的铠甲、兵器，但因为没有掠夺和战争，所以也没有机会使用。人们重新回到结绳记事的时代，那时的食物甘美可口，服装顺应自然之态，用不着繁复的修饰就很美好。民众安居乐业，在自己喜欢且适应的风俗习惯中生活。相邻的国家之间虽然彼此能看得到，鸡、狗等牲畜鸣叫的声音也能听得到，但是民众之间却从不往来。

老子描绘的这种社会形态，与他的思想观念是一致的。那就是希望人们遵循宇宙自然之道，过一种简单自然的生活。不要为土地、利益、财富、欲望相互争夺。国家的体量不大，就不会出现大国或者强国来以强凌弱。人口少就不会因为土地不够使用，财富积累少而相互争夺，人民也用不着迁徙流浪，流离失所。如果能够回到远古结绳记事的时代，虽然社会生产力不够发达，积累的财富不多，但是能让人民过上恬淡的、安宁的、最具"自然性"的生活。在他看来，这就是最理想的社会了。

尽管老子的这种思想对后世影响很大，但我们也很清楚，这种"小国寡民"式的社会是不可能存在的。随着社会的发展进步，财富会不断地增加，人口的流动程度也会增加。相应地，土地、财富、技术、权力将越来越成为人们争夺的目标。这种争夺的激烈程度也会不断扩大，以至于爆发战争。老子正是以自己极富洞见的思想看到了人类社会发生的问题，设想了"小国寡民"的社会形态，希望以此来校正人们的迷途。但是我们知道，人类不可能返回到结绳记事的时代。他的设想是脱离实际的。

相对而言，孔子理想中的社会形态就有积极的现实意义。他期待的理想社会首先是天下为公的"大同世界"。其次是"家天下"的"小康社会"。但不幸的是他生活在一个天下为私竞相争利、"礼崩乐坏"的时代。

孔子关于社会形态的设想分为三个层次。最高的是"大同世界"，他称之为"太平世"。其次是"小康社会"，是"升平世"。而他生活的时代，即东周春秋时期则是"礼崩乐坏"的"乱世"。面对"乱世"，孔子仍然充满了积极的进取精神，希望通过恢复礼乐制度来重建社会秩序。他对未来社会是充满乐观的，表现出一种历史进步论的热情追求。他希望通过人们的努力，治"乱世"而入"升平世"，最后实现"太平世"。

所谓的"乱世"就是在经过了西周的盛世之后，宗法制度与礼乐制度被毁坏，王室的权威大大降低，各诸侯国争霸称雄，战乱频繁，攻伐不断，人民颠沛流离。这正是整个社会处于大变革、大混乱的时代。孔子认为，如果人们能够按照天道的要求，克制自己的私欲，施行德政，社会就会向有序的方向发展，进入"小康社会"，形成平治"乱世"之后的"升平世"。

那什么是"小康社会"呢？《礼记》中记录了孔子的表述。他说，"今大道既隐，天下为家，各亲其亲，各子其子，货力为己，大人世及以为礼，城郭沟池以为固，礼义以为纪；以正君臣，以笃父子，以睦兄弟，以和夫妇，以设制度，以立田里，以贤勇知。以功为己，故谋用是作，而兵由此起。禹、汤、文、武、成王、周公，由此其选也。此六君子者，未有不谨于礼者也。以著其义，以考其信，著有过，刑仁讲让，示民有常。如有不由此者，在埶者去，众以为殃。是谓小康"。

这段话的意思就是说，现在，人们已经不再追求大道了，天下成了某一家的天下；天下大事不再是为了大家，而是为了某一家。人们也只把自己的亲人当作亲人，把自己的子女当作子女，财富货物只为自己使用。社会权力也是世袭的，只传给自己的后代。修建城墙池壕是为了作为防守的坚固壁垒，制定礼仪是为了作为人们行为的纲纪，从而维护君臣关系，也让父子关系更为淳厚，兄弟关系更为亲睦，夫妇关系更加和谐。由此，可以使各种礼乐制度得到确立，田地住宅划分明确，勇敢智慧的人能够得到尊重，每个人都去追求自我价值。这样的话，各种谋略计划可以得到使用，强兵战勇可以不断地出现。夏商周三代的夏禹、商汤、周文王、周武王、周成王、周公这六位君子就是在这样的环境中涌现出来的。他们没有谁不是谨慎奉行礼制的人。他们的品格德行可以作为衡量人们遵守礼仪的标准、考察人们恪守信义的标杆，指出人们的过错，明确礼法，为民众的日常行为做出表率。如果出现不符合这种规则的行为，即使有权有势的人也要受到责罚，老百姓也知道这种行为是不对的，会带来灾祸。这就是小康社会。

但是，孔子认为最理想的社会是"大同世界"。什么是"大同世界"呢？这种社会形态是大道实行的时代，也就是宇宙自然之道与人道相互适应，人人遵循"道"的时代。这个时代，天下是大家的天下，不是某一人某一家或某些人的天下。这样的社会能够任用那些具有贤德与才干的人，追求信义与和睦。人们不是只对自己的亲人负责，也不是只爱自己的孩子，而是爱社会上所有的人。老年人能够善养晚年；青壮年能够发挥自己的才干，有自己的事业；孩子们能够健康成长。那些生病的、孤苦的人们也能过上正常的生活。不论男女，都有自己的名分、社会地位，有自己的归属。办什么事生怕自己没有出力，而不是为了由此获得个人的私利。这样的话，阴谋诡计就没有了，盗窃等祸乱社会的现象也不存在了。人在外，家里也不用关门。这样的社会就是大同社会。

从孔子的论述中，我们可以知道被称为"太平世"的大同世界有这样一些特点。

首先，大同世界是大道盛行的时代。整个社会追求天道，讲究人伦，人的行为要与道相合，要顺应自然之道。人们的利益是要符合道义的。其次，权力的继承是要选拔那些贤能的人，而不是传给自己的后人。再次，这个时代的人们不是只为自己，而是为了大家。因此，每个人就会把大家的事当作自己的事，把大家的亲友子女当作自己的亲友子女。当人们有了好处、财富，不会独享，而是大家一起享用。最后，在大同世界里，每个人的品行、能力、积极性都受到了重视，得到了发挥。每个人都是一个自由发展的个体。无数守道重德的人汇聚成了一个休戚与共、生死相依、命运相连的共同体。

不论是小康社会，还是大同世界，都是我们的先贤在当时的历史条件下设想的社会形态。虽然只是一种设想，但也是有现实根据的。这就是针对春秋战国时期社会剧烈变革，旧的秩序被打破，新的秩序还没有建立的现实提出来的。这种理想虽然只是一种想象，却鼓舞了一代又一代的中华儿女奋斗不止，前赴后继，为建设一个更合理、更强盛、更具意义的社会而努力。同时，这种理想也成为一种历史文化资源，为后人提供了路径、方法与自信，增强了我们在不同历史条件下寻找正确发展方向的历史依据与历史自觉。

"长风破浪会有时，直挂云帆济沧海"，"大鹏一日同风起，扶摇直上九万里"。我们中华文明博大精深，具有超越时空的生命力与创造力，不但为特定历史时期的发展变革提供了思想资源，也成为激励我们奋发图强、创造创新，走向未来的精神力量。今天，我们正在实现中华民族的伟大复兴，我们必将从我们的文明中汲取智慧与力量，增强自信与自强，不断努力创新，适应时代变革的历史要求，建设中华民族的现代文明，推动中国现代化早日实现。

读完后，请你用自己的话谈谈对以下知识点的理解。

23. 小康社会

24. 大同世界

25. 一带一路

26. 人类命运共同体

中华文明基本脉络思维导图

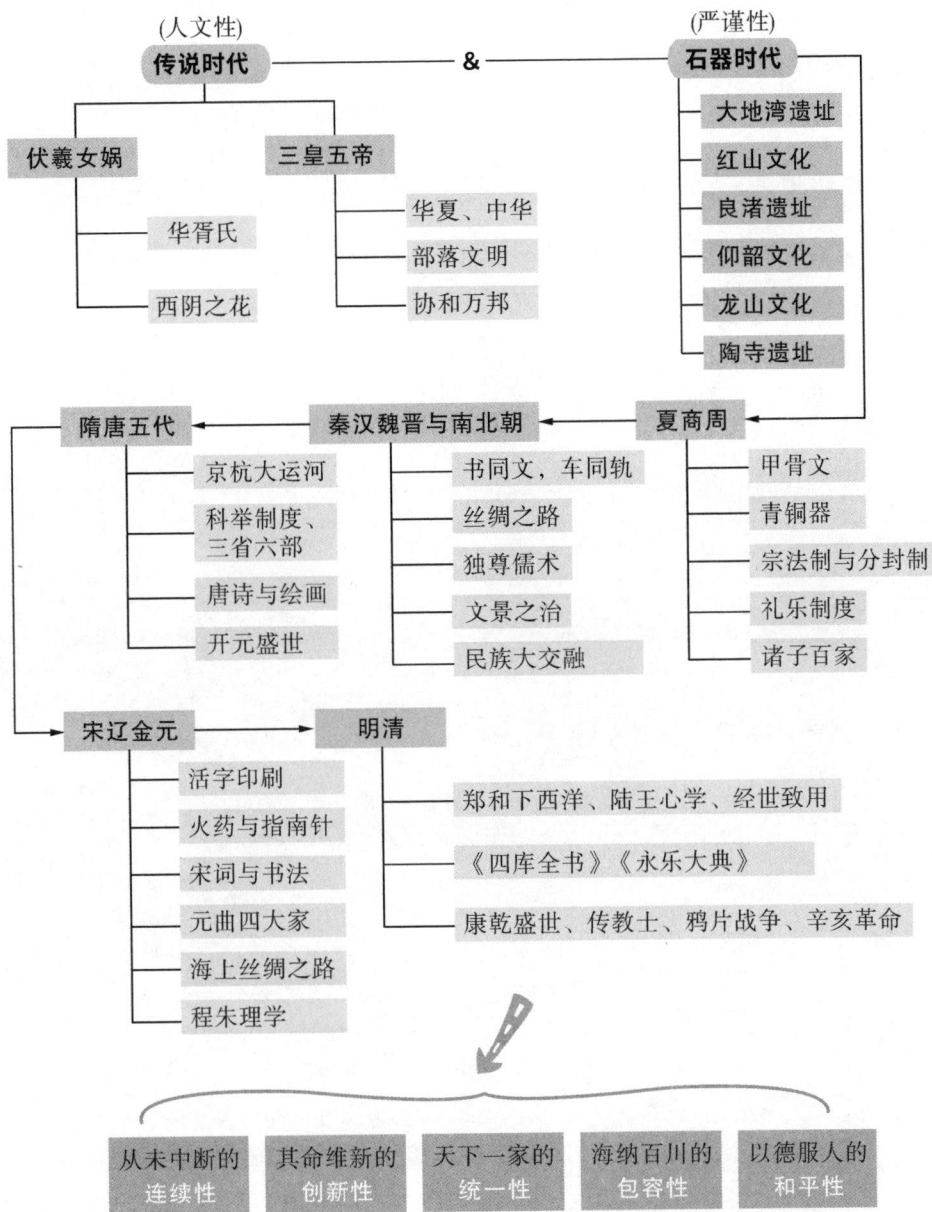

(人文性)　　　　　　　　　　　　　　　　　　(严谨性)

传说时代 ——————— & ——————— **石器时代**

- 伏羲女娲
  - 华胥氏
  - 西阴之花
- 三皇五帝
  - 华夏、中华
  - 部落文明
  - 协和万邦

石器时代
- 大地湾遗址
- 红山文化
- 良渚遗址
- 仰韶文化
- 龙山文化
- 陶寺遗址

隋唐五代 ◄——— **秦汉魏晋与南北朝** ◄——— **夏商周**

隋唐五代
- 京杭大运河
- 科举制度、三省六部
- 唐诗与绘画
- 开元盛世

秦汉魏晋与南北朝
- 书同文，车同轨
- 丝绸之路
- 独尊儒术
- 文景之治
- 民族大交融

夏商周
- 甲骨文
- 青铜器
- 宗法制与分封制
- 礼乐制度
- 诸子百家

宋辽金元 ——→ **明清**

宋辽金元
- 活字印刷
- 火药与指南针
- 宋词与书法
- 元曲四大家
- 海上丝绸之路
- 程朱理学

明清
- 郑和下西洋、陆王心学、经世致用
- 《四库全书》《永乐大典》
- 康乾盛世、传教士、鸦片战争、辛亥革命

| 从未中断的连续性 | 其命维新的创新性 | 天下一家的统一性 | 海纳百川的包容性 | 以德服人的和平性 |